머니
센스

いま君に伝えたいお金の話
by 村上世彰

IMA KIMI NI TSUTAETAI OKANE NO HANASHI
Copyright © 2018 by YOSHIAKI MURAKAMI
Illustrator YAMASHITA WATARU

Original Japanese edition published by Gentosha, Inc., Tokyo, Japan
Korean edition is published by arrangement with Gentosha, Inc.
through Discover 21 Inc., Tokyo and Korea Copyright Center Inc., Seoul

$머니
센스

무라카미 요시아키

|

어릴 적 아버지에게 배운 돈에 대한
절대감각으로 백만장자가 된 전설의 투자가

레드스톤

차례

돈은 지독한 외로움쟁이

여러분, 안녕하세요. 무라카미 요시아키입니다.

나는 '투자가'로 일하고 있습니다. 투자가가 하는 일이란, '돈을 굴려서 불리는' 것입니다. 어떻게 하면 돈을 가장 많이 불릴 수 있는지 그 메커니즘을 누구보다 잘 알고 있습니다. 결국 돈에 대해 가장 잘 알고 있는 '돈의 프로페셔널'이라는 자부심이 내게는 있습니다.

그런 내가 이 책을 쓴 데는 당연히 이유가 있습니다.

"아이들은 돈에 대해 몰라도 된다."

이렇게 생각하는 어른이 적지 않기 때문입니다.

학교에서도 아이들에게 돈에 대해 가르치지 않습니다. 국어나 수학, 과학, 사회 수업은 있어도, 돈에 대해 가르치는 과목은 없습니다.

나는 비록 어린 아이라도 돈에 대해 공부하는 것이 바람직하다고 생각합니다. 누구든 살아가는 데 있어 돈과 잘 지낼 필요가 있는 만큼 당연히 돈에 대하여 공부하는 데 너무 빠른 시기란 없습니다. 오히려 좀 더 이른 나이에 돈에 대해 생각하는 습관을 가지면 돈 감각을 쉽게 체득하게 되고 그만큼 돈 때문에 겪는 어려움을 줄일 수 있다고 믿습니다.

나에게 돈에 대하여 이모저모 가르쳐준 사람은 나의 아버지입니다.

아버지는 늘 '돈은 외로움쟁이'라고 말씀하셨습니다. 돈을 크게 불리는 프로로 살아온 지 거의 20년이라는 세월이 흐른 지금도 나는 간혹 그 말씀을 떠올리고 '진짜 그렇다'며 고개를 끄덕입니다.

아버지의 말을 빌리면, 돈은 덩그마니 혼자 있는 걸 질색합니다. 그래서 돈은 친구가 있는 곳으로 가려 합니다. 그래서 한 사람이 두 사람이 되고, 두 사람이 세 사람이 되는… 식으로 친구가 생기기 시작하면 삽시간에 무더기로 몰려온다고 말씀하셨습니다.

아버지는 개방적인 태도로 내가 어릴 적부터 돈에 대해 무

엇이든 알기 쉽게 가르쳐주었습니다.

나는 유치원생 무렵부터 돈과 가깝게 지냈고, 10살이 되었을 때는 내가 대학 졸업 때까지 받을 용돈을 일시불로 미리 받아 처음으로 주식투자를 시작했습니다. 매일 닛케이신문을 읽고, 기업에 대한 여러 정보가 실린 〈사계보四季報〉라는 계간지를 챙겨 보면서 돈이란 무엇인지, 그 흐름에 대하여 열심히 탐구했습니다.

나는 돈에 대한 새로운 지식을 알고 사회와 돈이 어떤 관계에 있는지를 곰곰이 생각하는 게 몹시 즐거웠습니다. 그리고 대학을 졸업할 즈음 나는 돈에 대해 제법 잘 아는 사람이 되어 있었습니다. 경제가 성장하는 시기이기도 했던 까닭에 꾸준히 투자해온 나의 자산은 10살 즈음의 초기 자금이 12~13년이 지난 대학 졸업 무렵에는 거의 100배 정도로 불어나 있었습니다. 혼자 공부하고 생각하고 투자한 결과로서 내 돈이 계속해서 불어나는 것이 퀴즈의 정답을 맞히는 것만큼이나 재미있었습니다.

나는 아버지 덕분에 어릴 때부터 돈과 잘 지내는 방법을 배웠고, 혼자 돈에 대하여 엄청나게 공부한 결과로써 지금까지도 돈과 좋은 관계로 지내고 있습니다.

나는 정말이지 미치도록 돈이 좋습니다. 돈은 내게 자유를 주고 내가 하고 싶은 일을 맘껏 할 수 있게 해줍니다. 잘 사용

하면 돈은 당신의 행복의 버팀목이 되어줄 것입니다. 그리고
좀 더 나아가 당신의 주변 사람을 돕고 세상을 보다 좋은 곳
으로 바꿀 수도 있습니다.

미치도록 좋아하는 돈으로 나는 투자가로 일하고 있습니
다. 어떤 일이 하고 싶은데 돈이 부족하다고 말하는 사람이나
기업에 사업자금을 제공해주는 일입니다. 세상에는 나 외에
도 많은 투자가가 있고, 누군가의 꿈을 구체적으로 실현하거
나 기업이 사업을 할 수 있게 돕습니다. 투자가 늘 세상을 멋
지게 만드는 결과로 이어지는 것은 아니지만 투자가로서 항
상 느끼는 것은 돈에는 '주위를 감싸 안고, 사회를 풍요롭게
만드는 힘'이 있다는 사실입니다.

사회를 풍요롭게 만들기 위해서는 돈이 사회 구석구석을
순환하는 것이 무엇보다 중요합니다. 그 돈의 흐름이 멈춰서
는 안 됩니다. 지금부터 나는 당신에게 돈과 잘 지내는 방법
을 알려주려고 합니다. 바로 이 원리를 새겨야 합니다.

"돈은 벌어서 모으고 굴려서 불린다."

돈은 벌어서 모으고 굴려 불리는 것입니다. 그렇게 불린 돈
은 다시 굴립니다. 굴린다는 것은 자신의 행복을 위해 돈을

쓰거나 더 큰돈으로 만들기 위해 투자하는 것으로, 일단 손에 쥐고 있는 돈을 '놓아주는 것'입니다. 벌어들인 돈을 손에 움켜쥐고 있으면 돈의 흐름은 멎고 맙니다.

'돈이 미치도록 좋다!'고 큰 소리로 말하는 나를 보고 잔뜩 미간을 찌푸리고 불만을 가지는 사람도 있을지 모릅니다. 그런데 세뱃돈을 받거나 용돈을 받을 때 기분 좋지 않은 사람이 있나요? 우리는 마냥 좋기만 합니다. 그 돈으로 무엇을 살지, 얼마나 모을지를 생각하면 가슴이 두근두근 설렙니다. 돈에 대한 그런 설렘을 가지는 게 무엇보다 중요합니다.

누구든 살면서 돈이 필요하고, 돈이 없으면 살아갈 수 없습니다. 말하자면 돈은 살아가는 데 없어서는 안 되는 도구인 셈이지요. 도구는 잘 사용하면 자기 자신을 포함하여 사람들에게 기쁨과 행복, 즐거움을 선사합니다.

돈은 살아가는 데 있어서 결코 손에서 놓을 수 없는 도구이기에 잘 사용해야 합니다. 가능하다면 돈이라는 도구로 무엇을 할 수 있을지를 즐겁고 두근거리는 마음을 가지고 잘 지내야겠지요. 그러기 위해서라도 돈을 잘 이해하고 공부하고 이른 시기부터 많이 접하면서 친숙해지고 그 사용법을 익힐 필요가 있습니다.

돈에 대한 이야기를 본격적으로 하기에 앞서 반드시 기억해둘 게 있습니다. 그것은 돈이 흉기로 변하는 때가 있다는 사실입니다. 도구이기에 자칫 사용법이 잘못되면 자신이나 주위 사람에게 상처를 주는 흉기로 돌변합니다.

특히 남에게 빌린 돈은 너무도 쉽사리 흉기가 됩니다. 그 사실을 잊지 말아주세요.

나는 남에게 돈을 빌리는 게 정말이지 죽기보다도 싫습니다. 그 이유는 간단합니다. 무슨 일이 있든지 반드시 갚아야 하기 때문이지요. 갚지 못할 돈을 빌리고서는 갚아야 하는데, 갚아야 하는데… 하는 생각에 시달리는 것은 몹시 힘든 일이니까요. 그리고 예상하지 못한 일이 일어나 갚아야 하는 돈을 갚지 못하게 되었을 때, 그것은 당신뿐 아니라 주변 사람들에게도 상처를 안겨줄 수 있습니다.

나는 돈으로 행복해진 많은 사람을 압니다. 하지만 인생이 뒤죽박죽 엉망진창이 되어버린 사람도, 부자였지만 돈을 현명하게 쓰지 못한 탓에 그 자신은 물론 주위 사람들에게까지 상처를 안겨준 사람도, 다시는 일어설 수 없을 만큼 큰 피해를 입은 사람도 보아왔습니다.

그 같은 모습을 보면서 생각한 것은 보다 어린 시기에 돈에 대하여 배우고 친숙해져야 돈과 좋은 관계로 지내고 돈에 휘둘리지 않고 살아갈 수 있다는 사실입니다.

따라서 이 책에서는 본디 '돈이란 무엇인가?'부터 시작하여 '돈 버는 방법'과 '사용하는 방법', '돈과 잘 지내는 방법'과

서문

'돈이 가진 힘'에 대하여 이야기하려고 합니다. 기본적으로 돈 감수성을 높이는 취지의 이야기들입니다. 또한 돈의 사용법으로는 자신의 행복을 위해 쓰는 것과 사회나 타인을 위해 쓰는 두 가지 방법이 있어 그에 대해서도 소개하려 합니다. 사회나 타인을 위하여 돈을 쓰는 것은 쉽지 않습니다. 쓰더라도 일단 자신의 생활이 충실하게 채워진 다음의 이야기입니다. 나 역시도 사회나 타인을 위해 돈을 쓴다는 것의 의의와 매력을 알게 된 것은 마흔이 넘어서입니다. 좀 더 이른 시기에 이런 방식으로 돈을 사용하는 법이 있다는 사실을 알지 못한 것이 많이 아쉬웠습니다. 그래서 당신은 일찌감치 그런 돈 사용법도 있다는 것을 알기 바랍니다. 당신이 돈을 현명하게 사용하여 행복한 인생을 살아가기 위한 발판으로 삼기를 진심으로 바랍니다.

다시 한 번 말하지만, 안타깝게도 우리는 어릴 적에 돈에 대하여 교육 받을 기회가 좀처럼 주어지지 않습니다. 내가 지금 돈과 잘 지내는 것은 어릴 적부터 열린 마음으로 당당히 돈을 이야기하고 돈에 대해 여러 가지 것들을 생각하고 공부할 기회를 마련해준 아버지 덕분입니다. 나는 지금의 우리 사회를 보며 좀 더 돈과 잘 지내기 위하여 노력하지 않는다면 엉망이 될지 모른다는 위기감을 느낍니다. 그래서 내가 아버지에게 배운 것, 그리고 나 자신이 돈의 프로로서 공부해온 것을 여러분들에게 이야기해주고 싶습니다. 아직 젊은 당신들이 한 사람이라도 더 많이 돈과 친구가 되길 바랍니다. 좋은 관계를 맺길 바랍니다. 각자의 의식이 변화하면 이 세상도 크게 변화할 것이라고 믿기 때문입니다.

이 책은 내가 지금껏 여러 학교에서 돈에 대하여 가르친 수업 중에서 정말로 알려주고 싶은 이야기만을 담았습니다. 독자로는 10대 어린 학생들부터 20대 대학생, 사회생활을 막 시작한 초년생들까지 폭넓게 염두에 두었습니다. 이 책이 더 나은 당신의 인생, 더 나은 우리 사회를 위해 도움이 되었으면 합니다.

I

돈이란 무엇일까?

돈을 알면 돈에 강해진다

어린 저축왕

어린 시절 나는 저축왕이었다.

예금통장에 찍히는 금액이 커져가는 것을 보는 게 너무도 즐거웠다. 아버지가 들려준 '돈은 외로움쟁이'라는 말을 믿었기에 가능했다.

부모님에게 '용돈 좀 주세요.'라고 자주 졸랐는데, 그 돈으로 무엇을 살 생각은 없었다. 받자마자 저금했다.

돈을 가지고 있으면 '외로움쟁이인 돈이 친구들을 불러들일 것'이라는 아버지의 가르침을 나의 두 눈으로 직접 보고 싶었다. 실험해보고 싶었다. 그 후 투자를 시작했고 내 자산은 최종적으로 크게 증식했다. 아버지의 말씀대로 돈은 외로움쟁이였다. 그것도 지독한.

지금 돌이켜보면, 나는 하루에도 몇 번이나 예금통장을 보며 이죽이죽 웃는 좀 이상한 아이였다. 내게 돈은 어릴 적부터 늘 곁에 있어준 단짝으로, 없어서 안 되는 매우 재미있고 소중한 존재였다.

지금 나는 최소한의 금액만을 저금하고 있다. 저축하기보다는 우선적으로 돈을 늘리기 위해 굴린다. 돈은 벌어 모으고 굴려서 불리는 것이다. 불렸으면 다시 굴린다. 그 사이클이 끊임없이 이어지도록 하는 게 중요하다.

돈은 편리한 도구

돈이라는 말을 들으면 머릿속에 어떤 이미지가 그려질까?

부자?

돈벌이?

돈다발?

나쁘다? 더럽다?

명품?

행복, 불행?

어느 학교에서 수업을 했을 때, 이런 질문을 한 아이가 있었다.

"만일 돈 없는 세상이 있다면 그 세상이 더 좋을 것 같아요. 왜냐하면, 돈 때문에 사람들이 싸우기도 하고 나쁜 짓도 하니

까요. 돈만 없으면 그런 나쁜 일은 일어나지 않겠죠?"

그때 나는 뒤통수를 강하게 얻어맞은 듯 정신이 번뜩 들었다. 그 아이는 돈이라는 말에 부정적인 이미지를 떠올린 것이다.

분명 돈이 다툼의 원인이 되기도 한다. 하지만 본디 돈은 좋지도 나쁘지도 않다. 돈이 나쁜 건 아니다. 먼저 그 오해를 풀어야만 했다.

그래서 나는 이런 식으로 설명하기 시작했다.

"돈은 어떤 이유에서 언제 생겨났을까?"

돈은 자연계에 애초부터 존재했던 것이 아니다. 인간이 발명한 것이다.

아주 오랜 옛날, 인간이 물물교환을 하던 시절. A씨는 돼지고기를, B씨는 생선을 가지고 있었다. A씨가 생선을, B씨가 돼지고기를 원하면 A씨와 B씨는 간단히 서로의 물건을 교환하면 되었다. 그런데 A씨는 물고기를 원하지만 B씨가 콩을 원한다면 이와 같은 단순한 물물교환은 성립하지 않는다. 이때 돈의 원형이 탄생했다(돈의 기원에는 여러 가설이 있다).

예컨대 고대 중국에서는 조개껍질을 사용했다. A씨는 B씨의 물고기를 조개껍질 3장을 건네고 얻었다. B씨는 그 조개껍질을 사용하여 원하던 콩을 얻었다.

이런 식으로 돈이라는 도구가 매개물로 존재함으로써 물건을 사고파는 행위가 편해졌다. 물건의 가격을 판단하는 기준도 생겼다. 돈을 쓰지 않고 모아둘 수도 있었다. 이런 돈의 탄생에 의해 물건을 사고파는 일은 많은 사람들 사이에서 복잡하게 이뤄지고, 폭발적으로 증가한 매매 거래는 사회를 한층 풍요롭게 만들어주었다.

간단히 돈에는 3가지 기능이 있다.

어떤 것과 교환할 수 있고, 비싸고 싼 것을 판가름할 수 있는 가치측정 기능, 그리고 돈이라는 형태로 '모은다'는 저축의 기능.

나한테 '돈만 없으면 세상에 나쁜 일은 일어나지 않겠죠?' 라고 물은 학생에게 나는 돈은 이런 3가지 기능을 가진 편리한 도구이지, 그 이상도 그 이하도 아니라는 것을 말해주고 싶었다. 돈 그 자체는 좋지도 나쁘지도 않다. 돈 때문에 문제가 일어났다면 그것은 돈에 문제가 있는 것이 아니라 그 돈을 취급하는 사람이나 그 취급 방식에 문제가 있는 것이다.

분명 돈을 둘러싸고 여기저기서 다툼이 벌어진다. 그러나 그것은 돈이 나빠서가 아니다. 돈의 힘에 현혹된 사람들이 싸우거나 나쁜 짓을 하기 때문이다.

유감스럽게도 우리 사회에 '돈은 더럽다, 돈은 나쁘다'같은

돈에는 3가지 기능이 있다!

①어떤 물건과 교환할 수 있다.

②가치를 측정할 수 있다.

③모을 수 있다.

콩은 가지고 싶지만 고기는 싫다.

이때 돈이 있다면 편리하다.

부정적인 인식이 깊이 뿌리박혀 있다. 언론매체도 종종 많은 돈을 버는 행위가 마치 나쁜 일인 양 보도한다. 내가 그 비판의 대상이 되었을 때는 우리 사회에 돈에 대한 이미지가 얼마나 부정적인지를 체감했고 서구 자본주의 국가들과의 사고의 차이를 새삼 느꼈다. 지금도 그 위화감은 여전하다.

돈이 더럽다고 인식한 나머지 돈은 행복의 기준이 되지 못하는 것일지도 모른다. 왜 우리는 돈을 더럽다고 인식하게 되었을까? 거기에는 역사적인 배경이 있고, 여러 가설이 있어서 재미삼아 조사해보았다.

돈은 더럽다, 돈은 나쁘다는 인식은 내가 보기에 돈의 본질을 제대로 알지 못한 데 그 원인이 있는 것 같다. 돈은 단순히 도구에 불과하다. 그 사실을 알면 돈을 무조건적으로 혐오하거나 더러운 것으로 치부할 수 없다.

돈은 형태를 바꿔왔다

돈의 형태는 시대에 따라 끊임없이 변화해왔다. 돌이나 조개껍질을 돈으로 사용하던 시대에서, 시간이 흐르고 흘러 이윽고 금화나 은화, 동화가 등장했고 다시 지폐가 탄생한다.

현재 한국에서 돈이라고 하면 10원 동전, 50원 동전, 100원 동전, 500원 동전······ 1천 원, 5천 원, 1만 원, 5만 원짜리 지폐가 있다. 그런데 1만 원짜리 지폐의 제조원가가 얼마일까? 불과 십 수 원에 불과하다. 단적으로 말해, 그냥 종잇조각이다. 그런데 1만 원이라고 적힌 종잇조각은 국내 어디서든 1만 원 어치의 물건이나 서비스와 교환할 수 있다.

1만 원이라고 적힌 특별한 종잇조각이 어디에서든 1만 원의 가치를 가지는 것은 한국은행이 그 가치를 보증하고 있기 때문이다. 한국은행이 보증하는 종잇조각에는 위조지폐를 만들 수 없도록 여러 세밀한 장치가 마련되어 있다. 보증 받은 '특별한' 종잇조각이 지폐다. 그 지폐만이 어디에서든 1만 원의 가치를 가진다.

한국은행은 한국의 중앙은행이다. 그리고 국가마다 제각기 중앙은행이 있고, 미국의 중앙은행은 미 달러의 가치를, 한국의 중앙은행이 원의 가치를, 일본의 중앙은행은 엔의 가치를 보증하고 있다. 국가에 대한 '신용' 위에 원도 달러도 엔도 그 가치를 유지하고 있다.

그런데 앞서 '국내 어디서든'이라고 말한 바와 같이 1만 원이 1만 원의 가치를 가지는 것은 한국에서 그 돈을 사용할 때로 한정된다. 한국 중앙은행이 그 1만 원의 가치를 보증하는 것은 오로지 국내에 한정된다.

1만 원을 미국에서 사용하려면 당신은 그것을 달러로 환전해야 한다. 흥미롭게도 돈에는 가격이 매겨져 있는데 그것을 '환율'이라고 한다. 환율은 세계 여러 나라의 신용도 혹은 힘의 관계 같은 여러 요인에 의해 매일처럼 변화한다.

따라서 어제는 1달러를 1,100원으로 살 수 있었지만 오늘은 1,200원을 지불해야 살 수 있는 사태가 벌어진다. 당신의 1만 원은 9.09달러가 되거나 8.33달러가 되기도 한다.

동일한 1만 원이라도 오늘은 9달러의 책을 살 수 있지만 내일은 살 수 없다. 지금은 인터넷의 발달에 의해 옛날과 비교할 수 없을 만큼 물건도 돈도 국가를 초월하여 움직인다. 따라서 돈에 대해 생각함에 있어 당신의 1만 원의 가치가 전 세계에서 매일 변화하고 있다는 사실을 아는 것은 중요하다.

최근에 매우 낯선 새로운 돈이 등장했다. 가상화폐. 그 중에서 가장 유명한 것이 '비트코인'이다. 지금까지 유통되어온 돈과 다른 점은 동전이나 지폐라는 물질적인 돈이 아니라는 것. 형태가 있는 것이 아니다. 하물며 어느 나라도 보증하지 않는다.

바로 이점이 매우 흥미롭다. 당신이 종잇조각에 1만 원이라고 적고 그것을 진짜로 사용하는 것과 같다. 현재의 가상화폐는 국가의 중앙은행이 아닌 블록체인이라는 새로운 인터넷 상의 테크놀로지가 그 가치를 보증하는 구조다.

현 시점에서는 가상화폐가 정말로 우리의 생활에 뿌리내릴지는 알 수 없다. 하지만 돌이 조개껍질로, 조개껍질이 동전으로, 시대에 따라 돈의 형태가 변화해왔듯이 앞으로도 여러 가지 형태의 돈이 등장할 것이다. 일례로 이미 동전이나 지폐가 아닌, 형태가 없는 돈으로서 전자머니가 존재하고 있다.

앞으로도 돈은 사용하기 쉽고 더 편리하게 계속 변해갈 것

1달러 = 1,100원이라면

10,000원(≒9.09달러)으로

9달러의 책을 살 수 있다!

1달러 = 1,200원이라면

10,000원(≒8.33달러)으로

9달러의 책을 살 수 없다!

이다. 그러나 어떤 형태로 달라져도 돈이 일정한 가치를 가지는 생활의 도구라는 본질만큼은 변하지 않을 것이다.

돈은 사회를 구석구석 흐르는 혈액과 같다

돈은 도구인 동시에 마치 인체의 혈액과 같은 존재다. 건강한 신체에는 충분한 혈액이 온몸을 구석구석 순환하며 영양등 필요한 성분을 운반하거나 필요 없어진 것을 거둬들이며 하나하나의 세포가 건강한 상태를 유지하도록 돕는다. 그런데 혈액이 부족하거나 원활히 흐르지 않으면 필요한 영양이 가야 할 곳에 닿지 않고 노폐물을 없애는 것도 어려워 점차 건강을 잃게 된다. 돈과 사회의 관계도 이러하여 사회 안에서 돈이 혈액처럼 작용한다. 따라서 돈의 흐름이 나빠지면 사회도 건강을 잃는다.

일본 사회의 예를 들어 돈의 흐름이 원활하고 건강한지 한번 이야기해보자. 한마디로 말해, 지금 일본은 혈액의 흐름이 정체되어 있는 인체와 같다. 돈이 도처에 쌓여서 가득하지만 어딘가에서 막혀서 제대로 순환하지 못하고 있다.

돈이 얼마나 많이 쌓여 있을까? 사실, 깜짝 놀랄 정도로 많다. 일본은 엄청난 부자다.

각각의 가계에서 사람들이 소유한 돈의 총액은 1800조 엔이 넘는다. 1800조 엔이 너무 큰 액수라서 선뜻 가늠이 되지 않을지도 모른다. 일본의 국가예산이 대략 100조 엔이니(한화 약 1000조 원. 한국의 국가예산 대략 470조 원과 비교하면 2배가 넘음) 그것의 약 18배나 되는 돈을 일본인 전체가 보유하고 있다는 얘기다. 이 돈을 일본 총 인구 1억 2700만 명으로 나누면 1인당 1000만 엔(약 1억 원)씩 나눠가져도 많은 돈이 남을 만큼 엄청나게 큰돈이다.

그러면 다들 이 돈을 어디에 감추고 있는 걸까? 세계적으로 일본인은 저축을 좋아한다고 알려져 있듯 1800조 엔 중 무려 그 절반 이상이 은행에 맡겨져 있다. 서구 선진국에서는 은행에 예금하기보다는 주식에 투자하여 자신의 자산을 운용하는 비율이 일반적으로 높다. 자신이 가진 돈을 은행에 맡기는 게 왜 문제인지에 대해서는 앞으로 설명하기로 하겠다. 지금은 돈을 손에 꼭 쥐고 내놓지 않는 현실을 더 살펴보자.

이런 상황은 가정에 그치지 않고 기업도 그러하다. 일본 기업들의 사내 유보금이 무려 400조 엔(한화 약 4000조 원)에 이른다.

근래 20년간 일본 경제가 나빠진 가장 큰 원인을 꼽자면 나는 주저 없이 '돈을 쌓아두는' 데 있다고 생각한다.

혈액이 인체 구석구석을 순환하기에 우리가 건강하게 살 수 있듯 돈이 사회를 순환할 때 비로소 활력이 생기고 경기가 좋아진다. 그럼에도 불구하고 사람들은 돈을 쓰기보다는 모으는 데 급급하다. 혈액이 순환하지 않고 어딘가에서 대량으로 정체되어 있다면 우리 몸은 어떻게 될까? 이렇듯 상상해보면 지금 일본 사회가 얼마나 건강하지 못한 상태에 놓여 있는지 쉽게 이해할 수 있다.

왜 이 같은 상황이 벌어진 것일까? 그것은 앞이 보이지 않고 미래에 대한 불안감이 엄습해왔기 때문이다. 하지만 따지고 보면 그 불안감을 가지게 된 원인이 바로 돈이 순환하고 있지 않아서이다. 사회 곳곳을 돈이 돌면 저절로 안전망이 만들어지기에 앞으로의 생활에 대한 불안은 가지지 않아도 된다. 당연히 돈을 모을 절박함도 많이 줄어든다. 그런 상황에서 돈은 자연스럽게 큰 흐름으로 사회 이곳저곳을 순환하게 되는 것이다.

이 말은, 가진 돈을 몽땅 쓰자는 뜻이 아니다. 돈은 굴리면 불어나고, 불어나면 다시 굴려야 한다는 이야기를 하는 것이다.

자립하여 살아가기 위해서 반드시 필요한 돈

어린 시절부터 돈에 관심을 가지지 못했다고 해도 돈이라는 존재는 태어난 순간부터 당신과 떼려야 뗄 수 없다.

어째서 돈이 그렇게 불가분의 중요한 존재인 것일까? 주위를 둘러보면 이유를 곧 알 수 있다. 주위에 있는 모든 것은 돈과 교환한 것으로, 당신의 생활은 돈 없이 되는 게 거의 없다.

먼저 돈에 대한 4가지 중요한 것을 기억하자.

가장 중요한 것으로, 돈은 자립하여 살아가기 위해서 반드시 필요하다. 다음으로, 하고 싶은 일을 하기 위해서 돈은 넉넉한 게 좋다. 그리고 돈은 어려움에 처한 당신을 도와준다. 마지막으로, 당신에게 돈이 있으면 다른 사람을 도울 수 있다. 이것은 당신이 돈을 벌게 되면 밟게 되는 단계이기도 하다. 이에 대하여 순서대로 설명해보자.

생활하는 동안 여러 가지 일에 돈이 든다. 방 안을 둘러보자. 그 방 자체도 그러하지만, 그 안에 놓여 있는 모든 것은 돈을 주고 산 것이다. 학교에 가는 데도 돈이 들고 입고 가야 하는 옷도, 세숫물도 돈이 필요하다. 아직 어린 아이들은 누군가의 보살핌을 받겠지만, 어른이 되면 그 모든 것을 혼자 힘으로 해야만 한다. 지낼 집을 빌리고 식재료를 사고 핸드폰 요금을 지불하고 가스나 수도, 전기료도 납부해야 한다. 그리고 두 말 할 나위 없이 그 모든 지불은 자신이 번 돈으로 내지 않으면 안 된다. 이모저모 일상생활의 여러 가지 일들을 해나가기 위한 최소한의 돈이 없다면 어쩔 수 없이 누군가에게 의지하여 살아갈 수밖에 없다. 그러나 든든하게 의지가 되어주는 사람이 늘 자신의 곁에 있다는 보장이 없기 때문에 자유롭게 살아가기 위해서는 최소한 의식주를 해결할 정도의 돈은 가지고 있어야 한다.

하고 싶은 일을 하기 위해서는
돈이 넉넉한 게 좋다

일상생활에 필요한 최소한의 돈에 더하여 마음에 자양분을 안겨주는 돈도 중요하다. 친구와 노는 데도 돈은 필요하다. 좋아하는 뮤지션의 콘서트를 보러갈 때도, 원하는 어떤 물건을 사는 데도 돈이 든다. 이렇듯 생활필수품 외에 생활의 여유를 느낄 수 있는 넉넉한 돈이 있다면 당신의 생활은 훨씬 풍요로워진다. 독서나 영화감상, 취미를 위해 마음껏 쓸 수 있고 가본 적 없는 낯선 곳을 여행하거나 꿈을 이루기 위해 학교에 다닐 수도 있다. 시간을 돈으로 살 수도 있고, 물론 미래를 위해 돈을 모을 수도 있다.

자신을 위한, 자신의 미래를 위한, 자신의 자유로운 삶을 위한 돈이다. 그것은 건강한 심신으로 살아가는 데 중요하다.

돈은 어려움에 처한 당신을 도와준다

돈을 쓰며 매일을 즐겁게 살아가면서도 돈의 일부는 조금씩 저축해두는 것이 좋다. 인생을 살아가는 동안 예기치 못한 일이 일어났을 때 그 돈은 당신에게 큰 힘이 되어줄 것이기 때문이다. 예컨대 다쳐서 오랫동안 일하지 못해 수입이 없을 때도, 직장을 잃었을 때도 이렇듯 모아놓은 돈이 있다면 그것을 쓰며 지낼 수 있다. 돌연 어떤 일이 생기고 그때 돈이 없으면 일상생활을 꾸려나갈 수 없다. 원치 않는 상황에 놓이거나 예상하지 못한 악재가 쏟아질 때에 돈은 그 위기를 완만하게 뛰어넘을 수 있도록 도와준다.

그렇다면 어느 정도의 돈을 모으면 좋을까? 연령에 따라 다르겠지만 젊을 때는 수입이 들어오지 않아도 1, 2년 정도는 버틸 금액을 목표로 한다.

돈이 있으면 다른 사람을 도울 수 있다

마지막은 돈을 멋지게 쓰는 방법이다. 돈이 있으면 다른 사람을 도울 수 있다. 가족을 지키기 위해서도, 더 좋은 세상을 만들기 위해서도 매우 중요한 돈의 사용법이다. 물론 먼저 자신의 생활을 꾸려가는 데 중점을 둬야 한다. 그렇게 자신의 행복을 위해 현명하게 돈을 쓰게 되었다면, 다음 단계로 사회나 타인을 위해 쓰는 방법도 있다는 것을 알아야 한다. 왜냐하면 타인을 위해 돈을 쓰는 것은 그 어떤 것보다 당신에게 크나큰 행복을 안겨줄 것이기 때문이다. 이에 대하여 나중에 좀 더 자세히 이야기해보자.

- 자립적으로 살기 위해서는 돈이 꼭 필요하다.

- 하고 싶은 일을 하기 위해서는
  돈이 넉넉하게 있는 게 좋다.

- 곤란한 때에 돈은 당신을 도와준다.

- 당신에게 돈이 있다면 타인을 도울 수 있다.

돈과 친해지는 방법
⋯ 돈에 지배당하지 않기 위해 필요한 것

돈은 우리에게 자유를 비롯한 여러 가능성을 가져다준다.

돈은 살아가는 데 결코 없어서는 안 되는 중요한 것으로, '어떻게 살아갈 것인지'에 지대한 영향을 미친다. 그렇기에 돈에는 무시무시한 마력이 있다는 것을 결코 잊어서는 안 된다. 돈과 친해지면 그 진짜 면모를 알게 된다. 좋은 점은 물론 나쁜 점까지. 그러면 최소한 돈과 대등한 관계로 지낼 수 있다. 그런데 돈이란 것이 어떤 것인지 이해하지 못한 채 어른이 되면 돈의 마력에 사로잡혀 지배당하고 만다.

돈이 많은 부자가 그렇지 않은 사람보다 더 훌륭해 보이는가? 비싼 것이 싼 것보다 더 좋아 보이는가? 많은 돈을 벌 수 있는 일이 그렇지 못한 일보다 멋져 보이는가?

만일 이 질문에 '예스'라고 대답하는 사람이라면 그것은 돈의 마력에 현혹되어 있는 상태다.

사물의 본질을 보려 하지 않고 가격만을 보고 그 상품이나 가치를 판단하면 자신도 모르게 돈에 얽매여 살게 된다. 무엇이든 비싼 것이 좋고 돈은 많이 벌수록 좋다는 식으로 오로지 돈만을 좇게 된다. 가격도 그렇지만 돈을 버는 것에도 위에는 또 위가 있다. 아무리 아등바등 골인지점을 향해 달려도 그 끝에 다다르지 못하는 마라톤 경주 같은 인생이 되어버린다.

돈은 중요하다. 하지만 그것은 풍요로운 인생을 살아가기 위한 수단에 불과하다. 돈 그 자체가 인생의 목적이나 모든 것의 기준이 된다면 그것은 주객이 뒤바뀐 상태다.

그렇다면 어떻게 하면 돈에 얽매이지 않고, 돈에 지배받지 않고 살아갈 수 있을까?

그러기 위해서 돈이 아닌 다른 기준을 자기 안에 확고하게 가지는 게 중요하다. 돈이 아닌 다른 기준을 가지고 있다면 쉽게 돈의 마력에 현혹되지 않는다. 그것이 자기 나름의 행복을 느끼는 방법이다. 인생은 행복하게 사는 것이 무엇보다 중요하다. 그리고 행복의 기준이나 형태는 사람마다 제각기 다르다. 많은 돈을 가지고 있음에도 행복하지 않은 사람도 수두룩하다. 그다지 돈은 없지만 행복하게 사는 사람도 많다. 당신의 행복의 기준이 흔들림 없다면 돈은 당신의 행복을 지지해줄 것이다. 그러나 아무리 부자라도 행복의 기준이 없다면 돈은 그 힘을 발휘하지 못한다. 행복은 돈을 얼마만큼 가지고 있는지가 아니라 어떻게 사용하는가에 의하여 결정되기 때문이다.

돈을 똑똑하게 사용하기 위해 당신에게 꼭 전하고 싶은 것은 돈에 강해져야 한다는 것이다. 돈에 강해지기 위해서는 숫자에 강해야 한다. 무슨 일이든 숫자로 파악하는 습관을 가지는 것이다. 숫자의 경향이 가장 두드러진 것이 돈이다. 돈은 숫자로 시작하여 숫자로 끝난다. 귀신같은 돈 감각, 즉 머니 센스의 첫 번째는 바로 숫자다.

2장에서 자세히 이야기하겠지만, 내가 처음 돈에 관심을 가진 계기는 숫자가 적힌 상품의 가격표였다. 우리 주변의 모든 물건에는 이 같은 숫자(=가격)가 매겨져 있다. 이 가격이라는 것은 어느 만큼의 돈을 지불하면 그 물건을 손에 넣을 수 있는지를 가늠하는 숫자다. 그리고 이 숫자는 온 세상의 모든 것과 연결되어 있다. 일어나는 일이나 상황과 연결되어 있다. 나는 관심 있는 여러 나라의 인구, 면적, GDP(국내총생산)를 숫자로 알고 있다. 투자를 고려하고 있는 회사의 실적, 직원 수를 알고 있고, 슈퍼마켓에서 파는 식품의 가격까지 모든 것을 숫자로 파악한다. 그런 숫자들을 머릿속에서 이렇게 저렇게 연결시켜 생각하는 가운데 여러 가지 것들이 눈에 보인다.

머릿속에서 자유자재로 숫자를 다룰 수 있게 되면 돈에 대

한 생각은 분명 즐거워진다. 이 숫자가 세상의 구조를 명확히 하는 열쇠이다. 그것이 분명해지면 그 대상의 진짜 가격과 자신에게 그것이 어떤 의미를 가지는지 꿰뚫어볼 수 있다. 돈을 똑똑하게 사용하기 위해서는 바로 '가격을 확인하는' 게 중요하다.

어린 시절 나는 수업 중에 거의 노트 필기를 하지 않았다. 그래서 선생님에게 자주 꾸중을 들어야 했다. 하지만 산수나 수학은 특별히 노트에 적지 않아도 대개의 계산은 암산으로 할 수 있었다.

어떻게 그럴 수 있었을까? 당연히 수학을 잘했기 때문인데, 어릴 적부터 가족들과 즐겼던 게임이 큰 도움이 되었다. 노트하지 않고 머릿속에 모든 걸 기억하면서 어떻게 이길지를 생각하는 게임이었다. 그 게임에 대해서는 차차 설명하기로 하고 그에 앞서 돈에 강해지기 위한 첫걸음으로서 상품의 가격이 얼마나 중요한지를 다음 장에서 생각해보자.

2

머니 센스 기르기

가격표로 세상을 본다

고작 가격표, 그래도 가격표

돈에 관한 많은 것들 중에서 내가 맨 처음 흥미를 가졌던 것은 상품의 '가격'이었다.

어릴 적에 나는 백화점에 가는 걸 좋아했다.

백화점에는 수많은 상품이 있고 거기에는 가격표가 있었다. 물건을 사는 데는 관심 없었다. 나는 무엇인가를 사는 것에 행복을 느끼지 않았다.

그저 백화점 안을 돌면서 여러 상품들에 붙은 가격표를 살폈다. 그것이 너무도 재미있었다. 그런 관심을 좀 더 넓혀 백화점 밖에 있는 상품들의 가격에도 주의를 기울이게 되었다.

오늘밤 저녁 반찬으로 먹는 생선은 한 마리에 얼마일까? 그 생선구이에 곁들여 갈아서 나온 무는 얼마일까? 음식에 한정하지 말고 우리 주변에 있는 거의 모든 물건, 이를 테면 장난감이나 과자는 물론 입고 있는 옷도, 신고 있는 운동화도, 학교에 가져가는 가방도 필통도 연필도 지우개도 모두 가격이 매겨져 있다.

처음에는 그저 온갖 물건들의 가격을 아는 것이 마치 세상의 비밀을 엿보는 것 같아서 가슴이 설렜다. 어떤 물건을 보든 '이거 얼마예요?' '저건 얼마예요?' 하고 물었다.

그렇게 어른들에게 설레는 마음으로 가격을 묻는 동안에 그 가격이라는 것이 어떻게 결정되는지 궁금해졌다. 누가 어떻게 정하는 것일까?

예컨대 똑같은 연필이라도 이 가게에서는 200원에 파는데 저곳에서는 100원에 판다. 어떤 이유에서 100원이나 차이가 날까? 과연 그 차이는 어디서 오는 걸까? 등등.

그런 생각을 하는 것이 견딜 수 없을 만큼 재미있고 즐거웠다. 돌이켜보면 나는 좀 남다른 데 재미를 느끼는 아이였던 것 같다.

놀랍게도, 물건의 가격을 아는 것만으로 나는 돈이란 것이 무엇인지, 또 그와 연관된 세상의 여러 가지를 이해할 수 있었다.

가격은 세상의 모든 것과 연결되어 있다

생각해보면, 이 세상의 모든 것에는 값이 매겨져 있다. 그 자체가 놀라운 일이 아닐까? 예컨대 산이나 물에도 눈에 보이는 가격표가 있는 것은 아니지만 분명 값이 매겨져 있다. 그리고 그 가격은 끊임없이 변한다. 만일 상품의 가격이 영원히 변하지 않고 어떤 연필이든 한 자루에 100원이라면 굳이 가격을 알아보러 다닐 필요도 없다.

그러나 똑같은 연필이라도 종류에 따라 가격은 천차만별이고, 어디서 파는지에 따라서도 가격이 달라진다. 끊임없이 변화한다. 그래서 흥미롭다. 가격은 다른 상품의 그것과도 밀접하게 관련되어 있다. 계절이나 기후의 변화, 공장의 위치, 사용한 소재 혹은 사람들의 관심, 선호하는 기호의 변화, 인기 스타가 사용한다는 등등의 온갖 이유가 복잡하게 얽혀 있다.

오랜 세월 가격이 변동하지 않는 것도 있다. 하지만 매일 가격이 변화하는 것도 있다. 그리고 가격이 변하지 않거나 빈번히 변하는 데는 모두 그럴 만한 이유가 있다. 그렇게 세상은 계속 움직인다.

어릴 적부터 여러 물건의 가격에 흥미를 가지고 있었던 까닭에 그 같은 사실을 조금씩 이해할 수 있었다.

가격은 단순히 무미건조한 숫자에 그치지 않는다. 세상의 비밀을 푸는 열쇠 중 하나다. 가격에 대하여 사람들에게 묻고 조금씩 알아가는 동안에 이 사회의 여러 구조들이 어렴풋하게 보였다. 그것은 내게 있어 흥미로운 놀이이자 돈과 친해지는 과정이었다.

왜 맛없는 꽁치의 가격이 비싼 걸까?

나는 싱가포르에 살고 있다. 하지만 일 년에 몇 번은 일본에 온다. 그리고 일본에 머무는 동안 짬이 나면 자주 도쿄의 츠키지로 발길을 향한다. 거기에는 큰 수산물 도매시장이 있다.

그곳으로 견학을 가본 사람도 있을 것이다. 도매시장이란 간단히 말해 우리가 흔히 물건을 사러가는 생선가게나 야채가게, 슈퍼마켓을 상대로 물건을 파는 시장이다. 상인들이 자신의 가게에서 팔 상품을 사러오는 곳이 바로 도매시장이다.

그 같은 도매시장은 일본 전역에 있지만 츠키지 도매시장은 그 가운데서도 특히나 규모가 크다. 거래액만 보더라도 세계 최대 규모로, 전 세계에서 다양한 해산물과 채소를 비롯한 온갖 식품이 다 모여든다. 그야말로 가격을 이해하는 데는 최적의 장소다.

예컨대 2017년 가을에는 꽁치가 그다지 많이 팔리지 않았다. 그나마 생선가게에 진열된 꽁치도 작고 마른 것들뿐이었다. 그 전년도에는 꽁치들이 통통하게 살이 올라 있었는데 말이다.

자, 지금부터가 중요하다.

작고 말라서 썩 구미가 당기지도 않는 꽁치가 예년보다 터무니없이 비싼 가격으로 팔리고 있었다. 주변 몇몇 슈퍼마켓의 신선식품 코너를 돌며 가격을 살펴봤다. 예년이라면 제철 생물로 마리당 100엔이면 살 수 있었는데, 지금은 200~300엔이었다.

나는 특히 꽁치를 좋아하는 탓에 어쩔 수 없이 비쩍 마르고 값도 비싼 꽁치를 사서 구워 먹었다. 역시나 그 맛은 예상대로 형편없었다.

뭔가 이상하지 않는가? 어째서 평년보다 살도 없고 맛도 없는 꽁치의 가격이 오히려 더 비싼 것일까? 통통하게 살 오른 꽁치가 100엔이면 살 수 있었는데 왜 작년에는 비쩍 마르고 맛도 없는 꽁치가 200~300엔이나 했던 것일까?

당신도 그 이유를 알 것이다.

가격은 어떻게 결정되는가?

자, 여러분은 그 답을 제시할 수 있다. 여기서 정답을 발표하자.

비쌌던 이유는 바로 작년에 꽁치 어획량이 평년보다 적었기 때문이다.

꽁치의 먹이는 젓새우인데 작년에 특히 젓새우 양이 적었거나 해수온 상승으로 인해 근해를 찾은 꽁치의 양이 줄었다거나 인간이 오랜 세월 꽁치를 잡아온 탓에 개체수가 줄었거나 등등 여러 원인이 있을 것이다.

꽁치만 그런 것이 아니다. 자연에서 수확하는 농수산물은 대개 이와 비슷한 상황에 놓여 있고, 그해 농수산물의 생장이 좋지 않아 수확량이나 어획량이 적으면 맛도 떨어진다고 한다.

상품의 가격이 정해지는 시스템은 여러 가지가 있다. 그중에서 특히 중요한 것은 수요와 공급의 관계에 의해 정해지는 것이다.

수요란 어느 것에 대한 욕구를 말한다. 꽁치를 예로 말하면, 꽁치를 사려는 사람이 얼마나 있는지가 수요이고, 꽁치가 얼마나 시장에 나오는가가 공급이다.

나는 꽁치를 좋아해서 가을철이 되면 반드시 꽁치를 먹는다. 어부들은 근해에서 꽁치를 잡아서 시장에 내놓는다. 사람들이 얼마나 꽁치를 먹고 싶어 하는가, 얼마나 꽁치를 잡았는가, 이것으로 수요와 공급의 균형이 결정된다.

만일 꽁치가 풍어로 공급이 수요를 충분히 충족시킨다면 꽁치의 가격은 내려간다. 시장에 충분한 꽁치가 있으면 소비자는 조금이라도 더 싸게 꽁치를 사려고 한다. 상인은 꽁치의 값을 내리지 않으면 소비자가 사려고 하지 않기에 가격을 내린다.

그와 반대로 작년처럼 꽁치가 좀처럼 잡히지 않아 수요를 충족시킬 만큼 공급할 수 없다면 살도 없고 맛도 없는 꽁치라도 값은 오른다. 꽁치를 구하기 어려워지면 소비자끼리 경쟁하기 때문이다.

앞에서도 말했듯이 풍어일 때 꽁치는 풍부한 먹이를 먹고 살이 올라 맛도 좋다. 게다가 어획량도 증가하여 시장에 출하되는 꽁치의 양이 많아지기에 값은 내려간다. 그러나 어획량이 적으면 먹잇감이 적어 꽁치는 작고 말랐음에도 가격은 오른다.

바로 '개수가 적어서 어떤 물건의 값을 높이는' 것을 '희소가치'라고 말한다. 꽁치뿐 아니라 상품의 가격은 공급이 수요를 충족시키지 못하면 오른다. 이때 개수가 적다는 것이 일종의 가치가 된다.

통통하게 살이 올라 맛 좋은 꽁치보다 작고 마른 맛없는 꽁치가 비싼 데는 그런 비밀이 숨겨져 있다.

카드게임에서 희소한 캐릭터의 카드가 인터넷에서 터무니없이 비싼 가격에 거래되거나 낡아빠진 헌책에 높은 가격이 매겨지는 것도 이와 같은 원리다.

자, 당신은 여기서 무엇을 배웠을까?

나는 여기서 상품의 가격이 반드시 질에 의해 정해지는 게 아니라는 것을 배웠다. 비싼 것이 질적으로 우수하다고 생각하기 쉽지만 그 생각은 분명 잘못되었다.

가격에 속지 마라!

맛있을 뿐 아니라 통통하게 살이 오른 꽁치는 영양분도 풍부하다. 그것은 다른 생선이나 채소나 과일도 그러하다. 시장에 다량으로 나와 있는 제철식품이 맛도 좋고 영양도 풍부할 뿐 아니라 그 어느 때보다 값도 싸다. 그래서 가급적이면 저렴하고 맛좋은 제철식품을 먹는 게 좋다는 결론에 이른다.

비싼 돈을 지불했다고 해서 반드시 맛있고 영양가 있는 것은 아니다. 음식뿐 아니라 무엇이든 그래서 고가라도 다 질이 좋은 것은 아니다.

하지만 사람들은 값 비싼 것에 어떤 높은 가치가 있는 양 착각하기 일쑤다.

그것은 돈의 마력 때문이다. 그래서 희소가치로 인해 어떤 것의 가격이 오르면 그 가격은 흔히 더욱 높아진다. 경우에 따라서는, 깜짝 놀랄 만큼 고가로 치솟기도 한다.

그렇게 터무니없이 치솟은 가격만을 보고 그것을 보물인 양 여기는 사람도 있다. 어떤 사람들은 '돈이 얼마가 들든 기필코 갖고 싶다.'고 생각한다. 그것을 소장하는 데 의미가 있다고 믿는다. 그런 가치에 대한 믿음이 있기에 그들에게 그것은 충분히 보물일 수 있다.

그러나 대개의 사람들은 '값이 비싼 걸 보니 틀림없이 뭔가 굉장한 게 있을 거야.' '이런 고가의 것을 소유하면 다들 나를 부러워하겠지.'라는 심정으로 오로지 '높은 가격'만을 보고 그것을 소유하려고 한다. 이것은 그들이 어릴 적부터 돈과 잘 지내오지 못한 결과라고 볼 수 있다.

세상에는 도저히 그 만큼의 가치가 있는 것으로는 보이지 않는데 엄청난 값이 매겨진 것도 많다. 그리고 고가라는 이유만으로 그것이 꽤 훌륭하다고 믿고서 돈을 지불하는 사람도 있다. '가격'이라는, 단지 숫자에 현혹되면 그것이 자신에게 그 값에 합당한 가치나 의미가 있는지 냉철히 판단할 수 없다.

솔직히 말해 그것은 그저 낭비일 뿐이다. 그리고 나는 그런 낭비가 끔찍이도 싫다.

생각하고 또 생각하면 돈과 친해질 수 있다

지금까지 가격표에 적힌 숫자에는 여러 가지 의미나 이유가 있다고 말했다.

예컨대 300엔의 맛없는 꽁치와 100엔짜리 통통하게 기름진 꽁치의 차액은 200엔이다.

그 차이가 어디서 온 것인지 이리저리 자신의 머리로 생각하고 밝혀내는 것, 그것이 결국 돈에 대한 생각이다. 세상이 어떤 시스템으로 움직이는지를 이해하는 데도 큰 도움이 된다. 자신의 머리로 직접 생각해보면 실감할 테지만 꽤나 재미있는 과정이다. 머니 센스를 체득하는 지름길이기도 하다.

중요한 것은 여하튼 '생각하고 느끼는' 것이다.

생각하고 또 생각해도 모르겠다면 잘 아는 사람에게 물어보는 것도 좋고, 혼자 끈질기게 매달려 끝까지 알아내는 것도 좋다. 어쩌면 아무도 정답을 모를 수도 있을 것이다. 그럼에도 자기 나름의 답을 열심히 생각하는 것, 그게 돈과 친해지는 비결이다.

그리고 누군가가 답을 가르쳐줘도 '진짜 그래? 답은 그거 하나야?'라는 의문을 가지고 스스로 생각해본다.

돈에 대하여 공부하는 데 중요한 것은 답을 아는 것보다 생각하는 습관을 갖는 것이다.

세상은 끊임없이 변화하고 있다. 지금 옳은 답이라도 내일은 옳지 않은 것이 될지도 모른다. 따라서 끊임없이 생각하지 않으면 안 된다.

내가 츠키지의 도매시장을 좋아하는 이유가 바로 그것이다. 식재료의 가격이란 가장 변하기 쉬운 것이라서 그곳을 찾을 때마다 그 가격은 다르다. 도매시장에는 가격이라는 것에 대하여 생각할 재료가 수두룩하다. 매일 아침 4시부터 6시까지 도미나 참치, 성게 등 수산물의 가격이 경매로 정해진다. 그 시끌벅적하고 생생한 현장을 실제 자신의 눈으로 볼 수도 있다. 츠키지뿐 아니라 당신이 살고 있는 지역의 도매시장에서도 볼 수 있다.

돈에 대하여 깊이 알면 알수록 이 사회의 구조가 명확하게 보인다.

그중에는 놀라우리만치 잘 만들어진 시스템도 있고, 반대로 허술하기 짝이 없는 시스템도 있다.

세상의 모든 일들을 자신의 머리로 생각하고 이해하다 보면, 그것을 좀 더 이상적인 것으로 만들 수 있지 않을까? 이런 식으로 개선해가는 것이 우리 모두 행복해지는 길이 아닐까? 하는 궁금증이 생기기도 한다.

그러니 우선 상품의 가격을 통해 사회의 시스템을 당신 나름으로 이해해보자.

낭비란 무엇일까? 물물교환을 떠올려보자

다시 말하지만 나는 쓸데없는 것에 돈을 쓰는 게 정말 싫다. 주위 사람들이 그렇게까지 질색할 일이냐고 놀랄 정도로 여하튼 싫다.

투자가로 일을 하는 데 돈은 없어서는 안 되는 도구다. 목수에게는 망치가 그렇고, 요리사에게는 조리도구가 그런 존재다. 그러하기에 투자가인 나는 돈을 허튼 데 쓰는 것이 더 크게 저항감을 느끼는 것인지 모른다.

하지만 투자가라는 사실이 그 이유의 전부는 아니다. 투자가로 일하기 훨씬 전부터 나는 돈을 낭비하는 게 싫었다.

누구든 허투루 돈을 쓰면 그건 낭비다. 돈은 행복한 인생을 살아가는 데 없어서는 안 되는 도구다. 그 한정된 돈을 어떻게 쓸 것인가를 결정해야 한다. 그러기 위해 자신이 정말로 하고 싶은 일이 무엇인지를 깊이 생각하고 행복감을 느끼는 그 일에 얼마만큼의 돈을 할당할 것인지, 그러기 위해 얼마나 낭비를 줄일 것인지, 같은 계획이 서야 한다. 그 낭비로 지출하는 금액이 크든 작든 상관없다. 아무리 고액이라도 그것의 가치가 가격에 합당하거나 자신의 목적 달성을 위한다면 낭비가 아니다. 반면, 고작 1엔짜리 물건이라도 그것의 가치가 1엔에 미치지 못하거나 자신의 목적달성에 전혀 도움이 되지 않는다면 낭비다.

꽁치의 사례로 돌아가자. 맛있는 꽁치가 먹고 싶을 때 기름지고 살찐 100엔짜리 꽁치는 당신에게 행복감을 안겨줄 것이다. 그러나 현저히 어획량이 적었던 작년에 슈퍼마켓 신선식품 코너에 놓인 300엔짜리 꽁치는 맛있는 꽁치가 먹고 싶다는 당신의 기대를 채울 수 없다. 따라서 이 300엔은 낭비다. 그 가격을 보고 올해 꽁치는 왜 300엔인지를 생각했다면 사지 않는 게 정답이다. 하지만 나처럼 '가을이고, 싱가포르에 살기 때문에 평소에는 먹을 수 없는 꽁치를 먹으려는' 사람은 다소 맛이 떨어지고 비싸도 '먹을 수 있어 좋았다'는 만족감을 얻기에 그 300엔의 소비는 낭비가 아니다. 같은 금액을 주고 샀다고 해도 결코 그 가치는 같지 않다. 요컨대 같은 행복을 가져다주지 않는다. 당신에게 행복을 안겨주지 않는 소비는 낭비다.

돈과 잘 지내기 위해서는 일상생활 속에서 그 소비가 자신에게 어떤 의미와 가치인지를 판단할 수 있어야 한다. 이를테면 나는 신칸센을 이용하여 도쿄에서 오사카를 오갈 때 그린차 티켓을 산다. 일반차의 티켓에 비해 5,000엔(한화 약 5만 원)이나 비싸지만 내게 그것은 결코 낭비가 아니다. 바쁜 나날에 일을 하든지 생각을 하든지 잠을 자든지 그린차의 다소 넓은 좌석에서 보내는 2시간 남짓의 시간은 내게 5,000엔 이상의 가치가 있다고 믿기 때문이다. 그러나 목적지에 도착하는 시간이 크게 달라지는 것이 없는데 '이동하면 그뿐'이라고 생각하는 사람에게 그 5,000엔은 허투루 쓰는 돈이 될 것이다.

나는 비행기를 탈 때도 좋은 자리에 앉는다. 비행기를 타고 있는 동안에는 전화벨도 울리지 않기에 내게는 '생각하는' 시간이다. 생각하는 시간이란 투자가인 내게 정말이지 중요한 시간이다. 조금 넓고 조용한 자리에서 한껏 생각에 잠기고 싶어 지불하는 금액은 내게 그 이상의 가치를 안겨주기 때문이다. 그렇다고 개인 비행기를 장만할 마음은 없다. 나 개인을 위한 비행기가 있다면 시간도 공간도 자유롭게 이용할 수 있겠지만, 그러나 비행기의 구매로 얻는 자유로운 시간이나 공간이 내가 지불한 금액에 합당하다고는 생각지 않기 때문이다.

자동차든 시계든 그 외의 브랜드 상품이나 고급 상품도 마찬가지다. 솔직히 말해 나는 브랜드 상품에는 관심이 없다. 내가 어떤 것을 사용하는 데 필요한 기능을 다하고 기분 좋게 사용할 수 있다면 그걸로 충분하다.

요컨대 돈을 지불하고 무언가를 사고 소유한다는 것은 당신의 돈과 상품 혹은 서비스의 물물교환이다. 그 돈은 당신이 일하고 받은 것이다. 어떤 것을 손에 넣기 위해서 돈을 지불하는데 그것은 당신이 몇 시간 동안 한 일과 교환한 셈이다. 돈을 지불할 때 정말로 그 정도의 가치가 있는지 깊이 생각할 필요가 있다.

가격표와 행복의 관계

고가의 명품을 소유함으로써 사회적인 신분을 가지게 된다고 믿는 사람도 있다.

고급스럽게 옷을 입거나 비싼 가방을 드는 것은 물론 나쁘지 않다. 그러나 그런 데 적절한 금액 이상을 지불하는 건 그저 허세나 우월감을 만족시키는 것에 불과하다. 허세를 부리거나 우월감을 느끼려고 돈을 쓰는 건 아무리 봐도 낭비다. 물론 이것은 내 개인적인 생각으로, 가치관이라는 것은 저마다 각기 다르다.

다시 말하지만, 돈과 잘 지낸다는 것은 한정된 수입 안에서 어떻게든 낭비를 줄이고 보다 많은 돈을 자신의 행복을 위해 쓰는 것이다.

자신에게 무엇이 중요하고 행복인지를 판단하는 '기준'이

흔들리면 쉬지 않고 시장에 쏟아져 나오는 '신상품'의 매력에 마음을 빼앗겨 그저 돈을 써버리게 된다.

백화점에서 이것도 갖고 싶고 저것도 갖고 싶다고 생각한 적이 있을 것이다. 그러나 아무리 기를 써도 원하는 것을 전부 살 수는 없다. 돈이 많은 나조차도 그렇다. 그리고 멋진 물건을 샀어도 곧 새로운 것이 나오면 또 갖고 싶은 욕망을 느끼게 될 게 뻔하다.

그때는 마음을 차분히 가라앉히고 가격표를 살핀다. 그리고 그 가격이 자신이 예측한 가격이나 기대하는 목적과 비교하여 적절한지 생각한다. 그 가격만큼 자신이 행복한지를 생각한다.

이 상품이 얼마이고 저 상품이 얼마인 것은 무슨 까닭인가? 어째서 이쪽 상품이 저것보다 비싼 것일까? 자신은 왜 이 상품을 원하는가? 가격과 자신이 얻는 행복은 동일한 무게인가?

이런저런 생각들을 하는 것이 어떤 것을 사는 것보다 나는 더 재미있다. 당신은 어떤가?

밥값내기 게임

가격에 대하여 생각할수록 돈에 강해진다. 그것을 이번 장에서 꼭 전하고 싶었다. 마지막으로, 가격과 친숙해지고 돈감각을 높이기 위한 게임을 하나 소개한다.

나에게는 네 아이가 있는데, 최근 10년간 아이들과 즐겨한 게임이 있다. 그것은 '밥값내기 게임'이다.

외식을 하러 갔을 때 계산하기에 앞서 각자가 식사비로 얼마가 나올지 그 총액을 예상하고 예상한 금액이 실제 가격에 가장 가까운 사람이 상금을 받는 간단한 게임이다. 여기에는 앞서 꽁치의 예로 살펴봤던 가격이 정해지는 수요와 공급, 개인의 기호나 계절, 레스토랑의 수준이나 서비스의 질 등 실제로 여러 요소가 아우러져 있어서 공부가 된다.

먼저 레스토랑에 도착하면 메뉴판을 살피고 가급적이면 가격을 기억해둔다. 그와 동시에 왜 그 가격인지를 자기 나름으로 생각해본다. 전부 기억하지 못하기에 나중에 가격을 유추해내는 데 도움이 된다.

그리고 밥값 계산서를 받기 직전에 가위바위보로 순서를 정하고 주문한 요리의 예상 총액을 차례로 말한다.

이때 지켜야 하는 한 가지 규칙이 있다. 그것은 앞서 예상한 사람의 밥값과 자신의 그것이 500엔 이상 차이가 나야 한다는 것이다.

예컨대 앞서 다른 사람이 8,000엔이라고 말했다면, 자신이 말할 수 있는 금액은 7,500엔 이하이거나 8,500엔 이상이어야 한다는 것이다. 첫 번째 사람이 8,000엔이라고 하고 두 번째 사람이 8,700엔이라고 말한다면 다음에 발표하는 사람은 7,500엔 이하 혹은 9,200엔 이상을 말해야 한다. 바로 여기서 승부가 갈린다. 가령 두 번째 사람이 8,700엔이 아니라 8,999엔이라고 말한다면 그 다음 사람이 말할 수 있는 금액은 7,500엔 이하 혹은 9,499엔 이상이 된다.

예상금액을 8,700엔이라고 말하는 것보다 8,999엔이라고 말하는 것이 훨씬 유리하다. 다음 사람이 훨씬 높은 가격이나 아주 낮은 가격을 말할 수밖에 없기 때문이다. 만일 정답이 9,000엔이었다고 해보자. 자신이 8,700엔이라고 말하고 뒷사람이 9,250엔이라고 말했다면 뒷사람이 이긴다. 하지만

8,999엔이라고 자신이 말하면 뒷사람이 말할 수 있는 금액은 7,500엔 이하거나 9,499엔 이상이라서 9,000엔에 가까운 금액을 말한 당신이 승리하게 된다.

이 게임이 재미있는 점은 메뉴판의 가격을 기억해둘 필요가 있다는 것이다. 여러 가게의 메뉴별 가격을 기억하고 비교함으로써 어떻게 음식값이 정해지는지 나름대로 생각할 수 있다. 미처 기억하지 못한 메뉴도 다른 메뉴의 가격 정도나 식자재 가격으로 유추해내지 않으면 안 된다. 수많은 요소를 근거로 추측하는 능력이 길러진다. 그리고 이 게임의 또 다른 이점은 예상 밥값을 얼마라고 말할 때 자신이 이길 확률이 가장 높은가 하는 전략적인 사고회로를 키울 수 있다는 것이다.

가격에 익숙해지고 나서 식사나 서비스의 질과 가격의 관계를 생각한다. 그리고 그 가격이 자신에게 적절한 가치를 가지는지 냉철히 판단한다. 가족과 의견을 나누거나 함께 생각해볼 수도 있다. 이 게임은 가족 모두가 놀이로서 즐기는 동안에 돈에 강해진다는 이점이 있다. 외식뿐 아니라, 슈퍼마켓에서 장을 보거나 평소 물건을 살 때도 응용할 수 있다.

3

당신이 돈을 손에 넣는 방법

하고 싶은 일로 돈을 번다

돈은 벌어서 모으고 굴려 불린다. 불어나면 다시 굴린다. 이 사이클이 중요하다고 말했다. 하지만 돈이 들어오는 입구가 없다면 아무런 의미가 없다. 돈이 들어오는 입구란 돈을 버는 것이다. 우선은 돈을 벌기 위해 일해야만 한다. 누구나 어른이 되면 입을 옷도 매일 먹는 음식도 살아가는 집도 스스로 번 돈으로 꾸려가야만 한다. 그것을 우리는 자립적으로 산다고 말한다.

그렇다면 돈을 어떻게 벌면 좋을까? 그것은 결국 어떤 일을 할까의 문제다.

세상에는 많은 직업이 있다.

수많은 선택지를 생각할 수 있고, 어떤 선택을 하는지 그것은 당신이 '어떻게 살아가는지'에 크나큰 영향을 미친다. 당신이 어떻게 살아갈 것인가. 그것은 결국 당신의 행복과 크게 관련되어 있다.

따라서 나는 두 가지를 당신에게 전하고 싶다. 한 가지는 할 수만 있다면 당신이 하고 싶은 일을 직업으로 삼아 인생을 즐기라는 것이다. 다른 한 가지는 직업을 생각하는 데 돈 문제를 경시해서는 안 된다는 것이다.

지금 내 손에는 많은 삽화가 들어있는, 사전처럼 두툼한 책이 들려 있다. 무라카미 류가 쓴 《13세의 헬로 워크》라는 책으로, 책의 머리말에는 이런 말이 있다.

이 세상에는 두 종류의 인간 · 어른이 있다. 그것은 '훌륭한 사람과 보통 사람'이 아니다. '부유한 사람과 가난한 사람'도 아니고, '악한 사람과 선한 사람'도 아니고, '영리한 사람과 어리석은 사람'도 아니다. 두 종류의 인간 · 어른이란, 자신이 하고 싶은 일, 자신의 적성에 맞는 일을 하면서 생활의 양식을 얻는 사람과 그렇지 않은 사람이다.

그리고 자신이 무엇을 좋아하고 적성은 어떤지, 어떤 재능을 가지고 있으며 어떤 일에 잘 맞는지를 생각하는 데 없어서는 안 되는 중요한 무기로서 호기심이라는 것이 있다. 호기심을 잃으면 이 세상이 어떠한지 알고자 하는 에너지도 함께 잃게 된다. 이 책은 지금 자신의 호기심을 장래의

직업과 연결하기 위한 선택지로 어떤 것이 있는지를 소개
하고 있다.

—《13세의 헬로 워크》머리말 중에서

하고 싶은 일이
사람에게 도움이 되는 것인가

———

무라카미 류가 말하는 것처럼 나 역시도 할 수만 있다면 당신이 하고 싶은 일, 당신에게 맞는 일을 하면서 생활의 양식을 얻는 사람이 되길 바란다. 왜냐하면 일이란 것은 인생의 대다수 시간을 차지한다. 사회에 나와 40, 50년간, 어쩌면 한 평생 계속하는 일이기에 자신이 좋아하고 하고 싶은 일을 직업으로 가질 수 있다면 집중하여 전력투구하기도 쉬워 노력에 엄청난 힘을 쏟을 수 있다.

나는 돈이 좋고 돈에 대해 잘 알고 있기에 아무리 어려운 일이 생겨도 다른 직업을 가지고 싶다는 생각 같은 건 해본 적도 없다. 늘 온힘을 다하고 있는 나의 일에서 삶의 보람을 느낀다.

《13세의 헬로 워크》는 '꽃이나 식물을 좋아한다, 벌레가 좋다, 그림이나 디자인이 좋다, 여행을 좋아한다' 하는 식으로 여러 가지 '좋아하는' 것을 실마리로 관련된 직업 총 154종을 소개한다. 이 책을 살펴보면 자신이 좋아하는 것을 직업으로 가질 수 있는 힌트를 얻을 수 있다. 예컨대 '영어가 좋다'면 영어 선생님이 될 수도 있고 자신의 영어 실력을 살려 외교관이 될 수도 있다. 혹은 국제기관에서 일하는 것을 목표로 하거나 좋아하는 영어를 가지고 어떤 일을 할 수 있는지 생각해볼 수 있다. '게임이 좋다'면 게임회사에서 일하거나 영화감독이 되거나 운동선수가 되거나 화가가 된다는 식으로 미래에 어떤 일을 할지 머릿속에 그려보기에도 좋다.

몹시 좋아하는 일을 직업으로 할지 말지는 그것이 '사람들에게 주는 편익이 있는지' 여부로 결정된다. 일을 한다는 것은 마치 물물교환과 같다. 누가 당신이 하는 일에서 가치를 발견하면 당신은 돈을 벌 수 있다. 아무리 좋아하고 잘하는 것이라도 아무도 그것에 돈을 지불하고 싶다고 생각하지 않는다면 직업으로 성립되지 않는다. 즉, 돈을 벌 수 없다.

따라서 자신이 좋아하고 잘하는 것을 어떻게 미래의 직업으로 만들 수 있을지를 생각해본다. 가급적 많은 시간을 좋아하는 것을 위해 보내면서 과연 자신이 힘든 일, 어려운 일이 있을 때도 그것을 극복해낼 만큼 좋아하는지, 더욱이 그것이 사람들에게 주는 편익이 있는지를 실험해본다. 철저히 해보고 나서 '이것이 아니다!'라고 판단된다면 서둘러 다른 일을 찾아보는 것도 좋다.

무엇이든 좋으니 몰입하자

어린 시절에 어떤 것에 끝까지 철저히 해보는 경험은 장차 당신이 어떤 일을 하든지 큰 힘이 되어준다. 그때 얻은 지식이 도움이 되기도 하지만 무엇보다 중요한 것은 무엇인가에 집중하는 즐거움을 이미 당신이 알고 있다는 점이다.

사실, 어떤 일이든 본격적으로 집중하면 재미있어진다. 집중하고 있을 때 능력을 최대한으로 발휘하기 때문이다. 자신의 능력을 마음껏 발휘할 수 있는 시간은 누구에게나 즐거운 법이다.

자신이 좋아하거나 잘하는 것을 직업으로 가지는 게 좋은 것은 결국 그런 상태가 되기 쉽기 때문이다.

하지만 모든 사람이 좋아하는 것을 직업으로 가질 수 있냐, 라고 하면 그렇지 않은 게 현실이다. 실제로 자신이 어떤 것을 좋아하는지 파악하지 못한 채로 재미있다고 할 수 없는 일을 직업으로 선택하기도 한다. 하물며 원하지 않던 일을 해야 하는 경우도 자주 있다. 일을 하는 데 무엇보다 중요한 것은 얼마나 몰입하여 힘을 쏟을 수 있는가에 있다. 좋든 싫든 철저히 해나가는 동안에 어느 결에 재미있어지고 보람을 느끼고 평생토록 해나가는 직업이 되기도 한다.

인생을 살아가는 동안 어떤 일에 열정을 다하여 애쓰거나 배우는 경험은 어떤 형태로든 인생을 개척해나갈 힘이 되어준다.

좋아하는 것을 하기 위해
다른 일을 선택하는 것

현실적으로 아무리 좋아하는 것이라도 직업이 되지 못하거나 직업으로 하지 않기도 한다. 좋아하는 것이기에 직업으로 하고 싶지 않은 것이다. 예컨대 여행이 너무 좋고 여행 중 마음껏 자유로이 지내는 게 행복이라고 생각하는 사람이 관광객을 안내하는 가이드나 여행 안내서를 집필하는 것을 직업으로 한다면 어떨까? 아마 여행을 떠났어도 마음껏 행동하지 못하거나 취재를 위해 가기 싫은 곳에도 가야만 하는 등 분명 그 사람이 여행에서 느꼈던 행복은 느끼기 힘들 것이다. 자유로이 지내지 못하는 탓으로 '여행은 곧 행복'이라는 등식이 더 이상 성립하지 않게 된다.

이 경우에는 마음껏 여행하기 위해 평소 다른 일을 하는 게 좋을 것이다. 한 해에 몇 차례 자유로이 여행하기 위해서는 얼마의 돈이 필요할까? 휴가를 한 번에 몰아서 사용할 수 있는가? 그것이 가능한 직업은 어떤 게 있을까? 여러 선택지 중에서 자신의 가치를 가장 잘 발휘할 수 있는 직업은 무엇인가? 좋아하는 것과 직업이 일치하지 않아도 양쪽을 균형적으로 해나가면 자신의 행복을 실현할 수 있다.

이 책에서 내가 가장 말하고 싶은 것은 '어떻게 자신이 번 돈을 잘 사용하여 행복한 인생을 살아갈 것인가?'이다. 따라서 좋아하는 것을 직업으로 하지 말고 좋아하는 것을 위해 직업을 가지는 것도 훌륭한 선택지이다.

사실 올림픽에 출전하는 운동선수 대다수도 그런 '좋아하는 것을 위해' 다른 직업을 가지고 있다. 국가를 대표하는 선수가 되어도 그것을 직업으로 하고 살아가기는 몹시 어렵다. 따라서 많은 운동선수가 자신의 활동을 지원하는 회사에서 일하며 다른 직원들과 함께 일한다.

꿈을 좇을 때일수록 돈이 중요하다

처음부터 좋아하는 것을 직업으로 할 수 없다고 해도 다른 직업을 가지고 논을 벌면서 언젠가는 좋아하고 잘하는 것을 직업으로 한다는 꿈을 향해 노력할 수 있다.

내가 젊었을 때는 배우가 되고 싶어서 극단에 들어가는 사람이 꽤 있었다. 이름이 대중에게 알려질 때까지 수입은 적다. 배우로 일하지만 그것만으로 먹고살 수 없으니 다들 두 가지 이상의 아르바이트를 했다.

큰 꿈을 가지고 있기에 생활이 어려워도 힘내어 헤쳐 나갈 수 있는 것인지 모른다. 그리고 그런 사람일수록 철저히 돈에 대하여 생각해야 한다. 좋아하는 것을 할 수만 있다면 돈 따윈 아무래도 좋다고 쉽게 말하는 사람도 있다. 물론 그 생각 자체를 부정할 생각은 없다. 돈이 없어도 좋아하는 것을 하며 즐겁게 살아갈 수 있는 것만으로 행복하다는 사람도 있다. 돈벌이가 시원치 않아 곤궁하게 살아갈 각오가 되었다면 그것도 좋다.

하지만 그 각오가 진짜인가 하는 것은 진지하게 생각해봐야 한다. 막연히 그 일로는 많은 돈을 벌지 못할 것이기에 가난하게 살아가야 하지만 그래도 평생토록 좋아하는 일을 하며 살아갈 수 있다면 그것으로 좋다는 마음만으로는 안 된다. 왜냐하면, 그런 막연한 각오로는 틀림없이 일상생활조차 꾸려가지 못해 돈에 쫓기고 구속당하며 살아가는 인생을 보내게 될 것이 명백하다. 그런 인생은 오히려 돈의 지배를 받는 것이다.

따라서 꿈을 실현시키기 위해서라도 반드시 돈에 강해져야만 한다. 수입이 적으면 적은 대로, 그 범위 안에서 생계를 꾸려갈 계획이 서야 한다. 젊은 시절 온갖 고생을 하며 큰 꿈을 이뤄낸 사람들은 대개 금전 감각이 뛰어나다. 머니 센스가 귀신같다.

수입이 적은 직업을 선택하지 말아야 한다거나 많은 돈을 벌 수 있는 직업을 가지는 게 좋다는 것도 아니다. 비록 수입이 적어도 자신에게 꿈이 있다면 수입이 얼마나 될지, 그 수입으로 생활해갈 수 있을지까지 생각이 미쳐야 한다는 것이다. 자신이 얼마의 돈을 벌지 상정하고 그 범위 안에서 어디서 살고 어떻게 생활하면 타인의 신세를 지지 않고 살아갈 수 있을까… 그런 계산을 하고 현실을 직시한 뒤에 그래도 꿈을 좇는다는 각오를 하고 선택한 선택지라면 나는 진심으로 그 인생을 응원하고 싶다.

여기저기에 도사리고 있는 함정

어떤 직업을 선택할 것인가? 이것은 당신의 인생에 지대한 영향을 미치고 인생의 행복을 좌우할 만큼 중요하다. 꿈을 이루기 위한 빈곤한 생활을 부정하지는 않지만 구체적인 대안 없이 꿈을 좇는 것은 결사반대다.

지금 시대는 궁리하기에 따라 얼마든지 돈을 들이지 않고 살아갈 수 있다.

진심으로 이루고 싶은 꿈이 있다면 돈 계산을 포함한 인생 설계를 철저히 세우고 좇기를 바란다. 나중에 '이럴 리 없는 데….'라는 식의 후회를 하지 않도록!

'돈을 번다'는 주제에서 다소 벗어났지만, 나는 현실이 얼마나 혹독한지 말하고 싶었다.

세상에는 당장 돈이 부족한 사람들에게 편의를 제공해주는 시스템이 있다. '돈을 빌리는' 것이다. 지금 돈을 가지고 있지 않아도 신용카드로 물건을 살 수 있다. 할부로 물건을 사면 한 번에 목돈은 들이지 않아도 된다. 매월 일정 금액을 지불하면 된다. 꿈을 이루기 위해 노력하는 가운데 수입이 적거나 곧 돈이 들어올 예정이지만 당장 가진 돈이 없을 때는 매우 편리하다. 하지만 생각 없이 마구 쓰면 크게 낭패를 본다.

절약하여 생활해야 하는 사람일수록 이 시스템에는 특히 주의해야 한다. 들어올 돈이 없어도 쓰기 때문이다.

앞에서도 말했지만, 돈을 빌리면 반드시 갚아야 한다. 하물며 빌린 돈에는 이자가 붙는다. 예컨대 금리 15%로 1년간 1,000만 원을 빌리면 1년 뒤에는 1,150만 원을 갚아야 한다. 괜한 지출이 150만 원이나 증가하는 것이다. 생활비가 부족하다는 이유로 돈을 빌리면 빌린 돈보다 갚아야 하는 돈이 많아지기 때문에 당연하게도 한순간에 생활은 파탄을 맞게 된다.

어느 시대든 돈을 빌리는 시스템은 사회 곳곳에 있다. 손쉽게 돈을 빌릴 수 있기에 깊이 생각하지 않고 돈을 빌리는 사람이 많다. 그러나 빌리기는 쉬워도 갚기는 몹시 어렵다. 수입이 적으면 적을수록 갚기는 더 어렵다. 이 문제는 돈과 잘 지내는 데 매우 중요한 주제이기에 나중에 좀 더 자세히 설명하겠다.

　수입이 적어도 잘해 나가겠다고 각오했다면 그런 것도 깊이 생각해둘 필요가 있다. 꿈을 이루기 위해서라도 돈과 당당히 대면하지 않으면 안 된다..

사명이라는 빛나는 보물

마지막으로, 사명에 대하여 이야기하고 싶다. 일을 하는 데 가장 중요한 것은 일을 통해 자신의 사명을 발견하는 것이다.

어떤 일을 열심히 하다보면 어느 결에 자기 안에 사명감 같은 것이 싹튼다. 해낼 수 있을지 알 수 없는 어려운 일이지만 인생을 걸고 도전하고 싶은 것, 어느 누구도 아닌 자신이 해야만 하는 것. 나는 그것을 '사명'이라고 말한다. 인생의 의미나 목적이라고 말해도 좋다. 사명은 일을 하는 동기가 되고 또 살아가는 보람이 된다. 스스로 그 일이 좋은지 싫은지 모르는 상태에서 때마침 하게 된 직업일지라도 몰입하여 열심히 힘을 쏟다보면 그것을 통해 사명을 발견하게 되는 일도 실제로 많다.

일을 통해 사명을 발견한 사람은 행복하다. 그것은 수입의 정도나 좋아하는 것을 직업으로 가지는 행복과는 또 다른 가치관이기 때문이다. 사는 것, 일하는 것이 단연코 즐거워지고 어떻게 살면 좋은지를 생각하는 데 든든한 지침이 되어줄 것이다.

어쩌면 일 자체를 선택하기에 앞서 당신은 좋아하고 잘하는 것을 통해 보다 이른 시기에 자신의 사명을 발견하게 될지도 모른다. 그러면 그 사명을 달성할 수 있는 직업을 선택하면 된다. 인생에서 '무엇을 위해 사는가?'라는 명확한 의미를 찾았다면 그만한 행복이 없다. 따라서 일찌감치 자신이 좋아하고 잘하는 것이 무엇인지를 발견하고 자신이 무엇을 할 수 있는지를 생각하려고 노력하기를 바란다.

학교 공부는 왜 해야 하는 걸까?

학교에서 돈에 대하여 가르치다 보면 어린 학생들에게 이런 질문을 받고는 한다.

'왜 공부해야 하죠? 지금 공부하는 게 무슨 의미가 있어요?'

고등학생쯤 되면 장차 자신의 직업에 대하여 고민이 많다. 역사를 암기하고 물리나 생물을 공부해도 취직하는 데 도움이 되지 않는다며 의문을 가진다.

나도 중고등학교 시절 정말 공부하는 게 싫었다. 지금도 똑똑히 기억하는 것으로 생물 과목에 '에피라ephyra, 스트로빌라strobila'가 있다. 해파리의 생육과정을 가리키는 용어로 당시 반드시 암기해야 했다. 하지만 인생을 살아가는 데 이 말을 암기하는 것이 대체 무슨 의미가 있는지 여러 차례 생각하고 또 생각했다.

그런 내가 지금 '공부하는 게 의미가 있는가?'라는 질문을 받는다면, 나의 대답은 이렇다.

'학교 공부는 철저히 해야 한다.'

이른 시기에 자신이 무엇을 좋아하는지를 찾아내고 그것에 많은 시간을 쓰고 있다면 어쩌면 학교 공부는 중요하게 생각되지 않을지도 모른다. 자동차가 좋으면 자동차에 대하여 철저히 조사하고, 패션에 관심이 있으면 패션에 관한 지식을 늘리면 된다.

중요한 것은 무엇인가에 열중해 배우는 경험이다.

관심 없는 것을 암기하기는 힘들지만 좋아하는 것이라면 손쉽게 기억했던 경험은 누구에게나 있다. 자신이 좋아하는 것을 깊이 추구하고 잘하는 것을 하며 즐기는 마음, 그것은 여러 행동을 촉발시키는 원동력이 된다.

그럼에도 내가 '학교 공부는 철저히 해야 한다.'고 말하는 데는 어느 방향으로 나아가든 그것이 든든한 토대가 되어줄 것이기 때문이다. 인생을 살아가는 가운데 돌연 방향을 전환하고 싶어질지도 모르고 굳이 그렇지 않더라도 다방면의 여러 지식을 가지고 있다면 그것은 결코 헛된 것이 아니다. 수업 시간 중에 읽은 교과서의 한 문장이 당신의 인생을 바꿔놓을지도 모르고, 갑자기 놀라우리만치 어떤 것에 흥미를 가지게 만들지도 모른다. 특히 자신이 무엇을 좋아하고 잘하는 지 아직 찾지 못한 사람에게 학교 수업은 모든 세계로 갈 수 있는 문이다. 어린 시절 가능하다면 일단 수많은 문 앞에 서 보길 바란다. 비록 처음에 흥미가 없어도 그 문을 통해 슬쩍 그 안을 엿본다. 폭넓은 여러 분야의 지식을 배울 기회는 어 릴 때밖에는 없다. 훗날 그 시절을 돌이켜보면 거기서 인생을 살아가는 수많은 힌트를 배웠음을 알게 될 것이다.

먼저, 세상의 여러 가지 것들에 관심을 가져보자. 여러 세 계를 들여다보고 무엇이 즐거운지, 무엇에 흥미를 느끼는지 몸소 시험해보자. 그것을 반복하는 가운데 점차 자신이 좋아 하고 잘하는 것을 알게 된다.

4

일하는 방식이
크게 변화하고 있다

이미 샐러리맨은 편히
돈 버는 직업이 아니다

─────

2018년 현재 일본에서 일하는 사람은 약 6600만 명이다. 그 가운데 약 90퍼센트가 회사라는 조직에 속하여 매월 안정적으로 월급을 받으며 일한다.

수입이라는 측면에서 보면, 정해진 월급을 받으며 일하면 안정적으로 생활할 수 있다. 일의 대가가 월급이라는 형태로 매월 입금된다. 매월 들어오는 수입 내에서 생활해가는 게 우리가 말하는 돈 관리다.

과거에는 학교를 졸업하고 회사에 취직하면 그 회사에서 정년까지 일하는 게 일반적이었다. 대다수 사람이 그런 인생을 바랐다. 매일 정장을 빼입고 같은 시간에 지하철에 올라 회사에 출근한다. 일이 끝나면 다시 지하철에 몸을 싣고 집으

로 돌아온다. 이것은 수십 년간 매일 이어진다. '종신고용'이
라는 원칙이 크게 흔들리고 있지만 회사에서 정년까지 버틸
수 있다면 정년퇴직까지 안전하게 수입을 얻을 수 있다. 게다
가 월급은 매해 조금씩 증가하기에 많은 사람들이 회사에서
정사원으로 일하길 바란다.

내가 젊은 시절 유행했던 노래가 있다. '샐러리맨은 마음
편히 돈을 벌지. 전날 술을 마셔도 늦잠을 자도 출근 기록기
를 찍지. 그게 얼마나 멋있던지….'라는 노래로, 이제까지 어
떻게 일해 왔는지 잘 보여준다.

의외일지 모르지만, 이제 세상에 이런 식으로 일하는 나라
는 없다.

최근 인터넷의 발달로 인해 전 세계의 '일하는 모습'이 크
게 변화하고 있다. 종신고용이 뿌리 깊은 일본도 변화하기 시
작했다. 우선 누구든 정보를 세상에 알릴 수 있게 되었다. 인
터넷으로 어떤 정보든 간단히 수집할 수 있게 되었다. 인터넷
으로 연결되어 있기에 굳이 회사에 있지 않아도 일할 수 있
다. 전 세계 사람들과 손쉽게 실시간으로 의사소통을 할 수
있다. 이러한 변화가 일하는 방식, 어떤 일을 선택할지를 크
게 바꿔놓았다. 자신이 좋아하고 잘하는 일을 직업으로 가질
기회도, 취미를 위해 어떤 방식으로 일할지 선택할 기회도 넓
어졌다.

일단 회사에 들어가면 그 일이 좋든 싫든 잘하든 그렇지 않든 적당히 일하면 죽을 때까지 돈 걱정은 할 필요가 없는 그런 시대는 이미 끝났다. 그 변화에 불안감을 느끼는 사람이 있을 것이다. 그러나 '좋아하는 일을 하며 자유롭게 산다', '직업은 하나가 아니어도 좋다', '부업도 가능하다'처럼 보다 자유롭게 살아가는 사람이 많아졌다.

최근 인기를 모으고 있는 것은 '유튜버'이다. 유튜버로서 생계를 꾸려가는 사람도 있고, 샐러리맨으로 일하면서 유튜버로 활약하는 사람도 있다. 유튜버는 얼마나 많은 사람이 자신의 동영상을 보는지로 수입이 결정된다. 조직에 속하지 않고 개인이 세계를 상대하는 방식으로 일하는 모습이 점차 매월 정해진 월급을 받으며 일하는 모습을 변화시켜갈 것이다. 어느 때는 많은 돈이 들어오고, 어느 때는 전혀 돈이 들어오지 않는다. 혹은 반년은 일하지만 나머지 반년은 여행하는 일도 많아질 것이다. 그렇게 되면 지금보다 더 돈에 강해져야 한다. 만일 그렇지 않다면 즐거운 인생을 보내지 못하게 된다.

일하는 방식 자체가 크게 변화하고 있는 가운데 종신고용의 원칙도 막을 내리고 있다. 그럼에도 여전히 회사에서 샐러리맨으로 일하는 것이 주요 흐름이라는 데는 변함이 없다. 그러나 이제 샐러리맨은 과거처럼 비슷한 연령의 사람은 비슷한 급여를 받고 웬만한 일이 아니면 매년 비슷한 폭으로 월급이 인상되는, '편히 돈 버는 직업'이 아니다. 대다수 기업들이 이미 능력주의를 채용하여 능력이나 성과에 따라 월급을 정하는 방향으로 전환하고 있다.

큰 성과를 올리면 높은 급여가 지불되고 요구한 성과를 거두지 못하면 월급은 줄거나 해고당하기도 한다. 이것은 물물교환이라는 시점에서 보면 너무도 당연하다. 사람들이 원하는 것에 대하여 자신이 제공한 가치에 상응한 대가를 받는다. 그것이 때로 많거나 적거나 하는 건 자연스러운 일이다. 오히려 지금까지 자연스럽지 못했다고 볼 수 있다.

그리고 같은 회사에서 정년까지 일하는 모습도 더는 주류가 아니다. 자신의 능력을 보다 높이 평가해주는 회사로 일자리를 옮긴다. 그런 것을 반복하면서 커리어가 쌓이고 수입은 늘어난다. 그렇게 일하는 모습이 이상적으로 여겨지는 시대가 되었다.

A사에 취직하여 일을 배웠다면 그 경험을 살려서 B사로 전직한다. 여기에 그치지 않고 C사로 전직하여 보다 높은 직위를 얻는다. 혹은 독립해 프리랜서로서 일하는 선택을 할 수도 있고, 회사를 설립하여 사업을 하게 될지도 모른다. 그러기 위해 자격증을 따려고 공부를 하고 대학이나 대학원에 들어가 다시 공부할 필요가 생길지도 모른다.

나의 인생을 지키는 건 바로 나

지금까지는 회사가 여러 제도를 만들어 직원들의 생활을 지켜주었다. 그러나 전직이 당연시되는 시대에는 어떤 회사에서 일하고, 어떻게 일하면 얼마의 수입을 얻을지, 어떤 단계를 밟아갈지, 회사를 그만두면 어떻게 될지, 늘 생각하지 않으면 손해를 본다. 지금까지는 정년까지 근무하면 당연하게 퇴직금이나 기업연금이라는 노후를 위한 자금을 받았다. 하지만 이제 당신은 혼자 인생계획을 세우고 일생동안의 돈 관리를 어떻게 할지 생각해야만 한다.

인생계획을 생각하고 그것에 맞는 일자리를 찾든, 좋아하는 것을 직업으로 하든 중요한 건 자신이 제공할 수 있는 가치를 냉정히 파악하는 것이다. 누구를 위해 무엇을 할 수 있는가? 그것을 어디서 살릴 수 있는가? 그것에 대하여 정당한

대가를 지급받을 수 있는가? 이런 것들을 철저히 생각한다. 자신의 재능이나 능력을 회사나 조직에 제공하는 것과 월급이나 커리어 등 그 일을 통해 자신이 얻는 것이 대등하게 균형을 이루고 있는지를 늘 생각한다.

자신의 생활을 지켜주는 건 오직 자신밖에 없다. 그리고 생활을 위해 돈은 절대적으로 필요한 존재다.

지금껏 취직을 위한 면접에서 급여체계 등 돈에 관하여 질문하는 건 꺼리는 분위기가 있었다. 앞으로는 그런 분위기도 사라질 것이다. 같은 회사라도 자신이 어떤 방식으로 일하는지에 따라 받게 될 월급은 달라지게 될 것이고, 이 같은 일은 흔하게 될 것이다.

취직에 대하여 이야기할 때 당연한 듯 돈을 말한다. 그런 시대가 오고 있다. 돈에 대하여 정확히 말하는 것은 월급의 높고 낮음으로 일을 정하기 위한 게 아니다. 자신의 능력을 진짜로 평가하는 회사인지 아닌지, 자신이 급여에 걸맞은 일을 할 수 있는지, 나아가 그 일을 하면 앞으로 어떤 생활을 할 수 있는지, 행복과의 균형이 이뤄질지, 그런 것을 가늠하기 위해서다.

샐러리맨이 되지 않는다는 선택지

일본에서 일하는 사람의 약 90퍼센트가 샐러리맨이기에 월급을 받고 일하는 방식이 주류를 이루고 있다. 그렇다면 나머지 약 10퍼센트는 어떤 방식으로 일하고 있을까? 그것은 소위 자영업자라고 불리는 사람들이다. 스스로 사업을 경영하고 돈을 번다. (한국의 경우는 직장인 75~80퍼센트, 자영업자 20~25퍼센트로 자영업 비율이 OECD 평균에 비해서 매우 높다 – 역자 주)

그 직종은 매우 다양하다. 예컨대 동네에 있는 야채가게나 빵가게도 자영업이다. 헤어 스타일리스트나 디자이너, 사진가, 만화가도 자영업이다. 농업이나 어업, 축산업 등등 그 수를 헤아릴 수 없다.

샐러리맨과 가장 큰 차이는 자영업으로 일하기 위해서는

어느 정도의 경험이나 지식을 갖춰야 한다는 것이다. 예컨대, 요리사나 목수처럼 기술자로서 자리매김하기 위해서는 견습생부터 시작하여 몇 년간 연수하는 것이 일반적이다. 시스템 엔지니어나 프로그래머처럼 회사에서 일하면서 경험을 쌓을 수 있는 직종도 있다. 또한 그 경험을 쌓기 전에 대학이나 전문학교에서 지식을 배우는 것이 유리한 일도 있고 시험을 치러 자격증을 취득해야 하는 일도 있다.

동일한 직종이라도 그 사람의 능력이나 일하는 방식에 따라 수입이 꽤 다른 것이 자영업의 특징이다. 고용주에게 고용될 때는 사원이든 아르바이트생이든 최저 임금이 정해지지만 자영업은 그런 것이 없다. 자영업은 최고의 성과주의라고 말할 수 있다. 자영업으로 홀로 시작한 일이 순조롭게 진행되어 수 년 후에 큰 회사의 사장이 되기도 한다. 물론 매월 충분한 수입을 얻지 못해 다시 샐러리맨으로 돌아가거나 여러 개의 일을 하게 되기도 한다.

그래도 독립하여 하고 싶던 일을 하게 된다면 도전해볼 가치는 있다. 생각대로 도전하고 그 결과가 자신에게 고스란히 돌아온다는 경험은 매우 재미있고 보람 있는 일이기 때문이다.

벤처 기업가가 된다

직업의 형태로서 특히 여기서 다루고 싶은 것은 기업가起業家이다. 기업이라는 것은 새로운 사업을 일으킨다는 의미로, 지금까지 없던 새로운 서비스나 비즈니스모델을 창조하는 것이다. 이런 새로운 사업에 힘을 쏟기 위해 탄생한 기업을 '벤처기업'이라고 말한다.

예를 들어, 애플의 스티브 잡스나 페이스북의 마크 저커버그, 마이크로소프트의 빌 게이츠라는 이름은 들어본 적이 있을 것이다. 그들은 이제까지 없던 것을 세상에 내놓고 큰 성공을 거뒀다.

애플은 세계 최초로 시가 총액 1조 달러(약 1120조 원)를 넘긴 회사이지만, 처음에는 매우 소규모 회사였다. 시가 총액이라는 것은 회사의 가치를 나타내는 지표다. 스티브 잡스라는 청년이 친구 스티브 워즈니악과 컴퓨터게임의 회로를 수정하는 일을 하청 받아서 했던 것이 그 시초였다. 지금 우리 눈에는 장난감처럼 보이는 세계 최초의 퍼스널 컴퓨터 〈애플 I〉이 잡스의 자택 차고에서 만들어졌다는 유명한 일화도 남아 있다.

페이스북도 마크 저커버그가 대학시절에 생각해 교내 학생을 대상으로 인터넷 서비스를 시작했다. 그것이 지금은 시가 총액으로 세계 상위를 차지하고 있다.

그들이 맨땅에서 기업한 회사가 단기간에 세계 유수의 대기업으로 성장했다.

모두 같은 일을 하면 같은 것밖에 얻을 수 없다. 이건 돈만 그런 게 아니다. 행복도 기쁨도 보람도 성취감도 신뢰도 그러하다. 사회에 도움이 되거나 사람을 행복하게 해줄 수 있다면 우리 모두는 더 많이 행복할 것이다.

잡스나 저커버그처럼 큰 성공을 거둔 사람들은 남과 다른 것, 새로운 것에 도전하여 지금까지 없던 것을 창조함으로써 사회를 크게 변화시켰다.

기업起業에는 그러한 가능성이 있다. 물론 손쉽게 성공하지는 못할 것이다. 새로운 아이디어로 기업한 벤처기업을 포함해 최근 일본에는 평균적으로 1년에 12~13만 개의 회사가 신규로 설립되고 있다. 그러나 투자가에게 자금을 지원받는 벤처기업은 일본의 경우 1년에 약 1,000개 회사다. 이 숫자만 보더라도 알 수 있듯이 새로운 회사를 설립해도 투자가의 지원을 받기란 하늘에 별 따기만큼 어렵다. 실패로 끝나버리는 일도 태반이다. 잡스나 저커버그는 그 가운데서 기적과 같은 성공사례라고 할 수 있다. 그렇다고 당신이 그 기적의 주인공이 되지 말라는 법은 없다. 당신이 그 기적적인 성공을 거둔 사람이 될지 말지는 역시나 해보지 않고는 모르는 일이다.

아이템의 대부분은 상품화되지 않는다

투자가로 일하다보니 내게 성공할지 실패할지 알 수 없는 새로운 아이디어에 대한 이야기가 끊임없이 들어온다. 아이디어를 어떤 형태로 만들어 세상에 선보이기 위해서는 돈이 필요하고, 그 자금을 제공하는 것이 투자이기 때문이다.

100개의 새로운 아이디어를 들어도 내가 투자해보자는 마음이 들게 하는 것은 하나나 될까 말까이다. 솔직히 말해서 하나도 없을 때가 많다. 나의 판단기준이 엄격한 것인지도 모른다. 게다가 나는 잘 모르는 분야에는 투자하지 않기 때문에 내가 투자하지 않은 아이디어 중에서 다른 투자가가 투자하여 성공한 사례도 있다.

여하튼 기업하여 성공하는 건 결코 간단한 일이 아니다. 자기 혼자라면 그래도 괜찮지만, 함께 일하는 동료의 생활까지도 책임져야 한다. 고용되어서 일하면 언제든 그만둔다는 선택지가 있지만 경영자에게는 그게 없다. 회사가 망해서 모든 것이 끝날 수도 있지만 짊어져야 하는 리스크의 무게는 자기 혼자 회사를 그만두는 것과는 비교도 되지 않는다. 자신을 믿고 일해 온 직원과 그 가족까지 고통에 빠뜨리는 것이기 때문이다.

그렇다면 어떻게 회사를 설립해 성공시킬 수 있을까?

잡스나 저커버그도 처음 출발점은 '아이디어'였다.

'몇 억 원이나 하는 컴퓨터를 소형화하여 세상사람 누구든 사용할 수 있게 하면 어떨까?'

'인터넷으로 손쉽게 친구 소식을 알 수 있으면 재미있지 않을까?'

그런 아이디어가 그들을 행동하게 만들었다.

당신도 일상생활 속에서 어떤 아이디어를 떠올릴 때가 있을 것이다. 곤란을 겪고 있을 때에 이런 게 있으면 좋을 텐데… 하고 불현듯 떠오른 서비스나 상품을 자신이 만들어낼 수 있는가? 이러면 편리하지 않을까? 이런 서비스가 있다면 생활이 더 편리하지 않을까? 그런 아이디어는 누구든 떠올린다.

그러나 실제로 그 아이디어를 어떤 형태로 만들 수 있는 사람은 소수에 불과하다. 그것을 사업으로 연결시켜 나가는 사람은 한층 더 적다. 아이디어와 사업 성공, 그 사이에는 셀 수 없을 만큼 많은 현실적인 장벽이 놓여 있기 때문이다.

잡스나 저커버그가 성공할 수 있었던 것은 아이디어를 실현시키기 위해 과감하게 현실과 맞서 그 장벽을 뛰어넘었다는 데 있다. 어째서 그들은 도중에 포기하지 않고 해낼 수 있었던 것일까? 그들은 자신들이 온힘을 다하여 하는 일이 언제인가 반드시 사람들과 사회에 큰 도움을 주게 될 것이라는 확신이 있었기 때문이다. 그렇듯 세상을 변화시키는 것이 자신들의 사명이라고 믿었다. 그리고 헤쳐나가는 그 과정이 여하튼 즐거웠다. 그리고 현실의 장벽을 뛰어넘은 뒤에 만나게 될 새로운 세계를 또렷한 '미래상'으로 가지고 있었다.

자신의 사명을 찾기 위해서는 미래상이 필요하다. 사명이란, 그 미래에 존재하는 목표 같은 것이다. 그곳에 다다르기 위해 자신이 해야만 하는 것, 자신만이 할 수 있는 것이 사명이다. 사명과 미래상은 한 몸이다. 세계나 사회를 이런 식으로 만들고 싶다는 것이 미래상이고, 그러기 위해 자신이 할 수 있는 일이 사명이다. 직업이란 사명을 달성하기 위한 수단이다. 따라서 사명을 달성하기 위한 수단은 한 가지만 있는 게 아니다. 직업을 비롯해, 할 수 있는 여러 가지의 것이 있다. 이쪽이 아니면 저쪽으로 가보자. 이쪽도 아니라면 멀리 돌아가자. 그런 식으로 명확한 미래상과 사명을 가지고 있다

면 도중에 잘 되어가지 않아도, 시행착오를 겪어도 방황하지
않는다. 힘든 일이 많아도 얼마든지 끝까지 해낼 수 있다.

세계는 조금씩 변해간다

기술이 발전하고 진화함에 따라서 잡스나 저커버그처럼 거대하지는 않아도 새로운 아이디어를 토대로 기업하는 일이 과거보다 손쉬워졌다. 새로운 비즈니스를 시작할 때 가장 중요한 것은 아이디어를 일단 어떤 형태로 만드는 데 필요한 자금, 그리고 함께 일할 동료를 찾는 일이다.

자신에게 돈이 있다면 다행이지만, 훌륭한 아이디어밖에 없다면 그 아이디어만을 가지고 자금을 모으는 것은 얼마 전까지 정말로 힘들었다. 운 좋게 당신의 아이디어에 투자할 투자가를 만나면 자금을 지원받을 가능성도 있지만 거기까지 이르는 사람은 매우 적었다. 실제로는 돈이 없어서 혹은 자금이 떨어져 자신의 아이디어를 어떤 형태로 만들지 못하는 것이 현실이었다.

그런데 지금은 애플이나 아마존에 투자했다가 큰 성공을 거둔 투자가의 사례를 보고 새로운 비즈니스를 시작하려는 사람에게 돈을 투자하는 사람이 현저히 늘었다. 또한 '클라우드 펀딩'이라는 시스템이 만들어짐에 따라 투자를 생업으로 하지 않는 사람들로부터 돈을 모으기 쉬워졌다. 투자가가 있는 지구 반대편으로 굳이 가지 않고 집 안 컴퓨터 앞에 앉아서 전 세계의 사람들에게서 돈을 모을 수 있는 시스템도 생겼다. 당신의 머릿속에 불현듯 떠오른 아이디어가 전 세계로부터 지원받게 될지도 모른다. 그래서 누군가를 행복하게 하고 도움을 줄지도 모른다. 그런 생각만으로도 가슴이 설렌다.

아이디어가 독보적으로 훌륭하고 그것을 지지하는 면밀한 비즈니스 플랜을 세우면 돈을 제공하는 사람은 이전보다 쉽게 찾을 수 있다. 아이디어는 있지만 돈이 부족해 물건으로 만들지 못하는 우수한 인재나 회사에게 이처럼 기회로 가득한 시대는 이제껏 없었다.

뒤집으면, 클라우드 펀딩에 의해 직업적 투자가가 아닌 일반 사람도 자신이 할 수 있는 범위 내에서 투자할 수 있게 되었다고 말할 수 있다. 자신이 공감하고 응원하고 싶은 사업에 비록 적은 금액이지만 투자할 수 있다. 그리고 장차 그 사업을 자신의 일인 양 지켜본다. 그것도 생각해보면 가슴 설레는 일이다.

물론, 현실은 녹록하지 않다.

자금을 모으지 못해 포기한다, 자금은 모았지만 아이디어가 좀처럼 물건으로 만들어지지 못한다, 물건으로 만들었지만 세상에 널리 침투하지 못한다…. 이처럼 벤처 사업이란 게 순조롭게 진행되지 않는 경우가 허다하다. 그래도 해보지 않으면 알 수 없다. 따라서 나는 생각처럼 잘 되어가지 않을 가능성이 더 크다는 것을 잘 알면서도, 그럼에도 불구하고 도전하기를 바란다. 도전하지 않은 채 포기하는 것보다 비록 실패하더라도 온힘을 다해 도전해보는 것이 낫다.

그런 한 사람 한 사람의 실패와 성공이 쌓임으로써 이 세상은 조금씩 변화해간다.

기업이란 새로운 일을 창조하는 것이고 새로운 일이 생겨남으로써 세계는 계속 변화해가는 것이다.

투자라는 일은 돈이라는 도구를 사용하여 그것을 돕는다.

어쩌면 내가 당신의 첫 투자가가 될지도 모른다. 그런 날이 오기를 기대해본다.

나의 사명

세상이 크게 변화해가고 있는 지금 인공지능(AI)의 등장에 의해서 지금까지 우리 인간의 일로 여겨졌던 많은 것들이 점차 인공지능으로 대체될 것이라고 한다. 실제로 그런 상황이 가까운 미래에 벌어질 게 분명해 보인다. 그러하기에 앞으로의 시대에 '어떤 일을 하면 좋은가', '어떤 방식으로 일하면 될까'에 대하여 지금보다 더 치열하게 생각해야 한다. 지금까지의 경험과 이론들이 이제 힘이 되지 않는다.

그렇다면 무엇이 중요할까? 무엇보다 자기 자신을 알고 통찰하는 작업이 선행되어야 한다. 자신이 잘하는 것, 자신이 즐겁다고 생각하는 것, 자신이 좋아한다고 여기는 것, 누군가를 위하는 것, 자신의 사명감을 일깨워주는 것…. 나는 무엇이 하고 싶은가? 나는 무엇을 할 수 있는가? 철저히 생각하고 인공지능으로 대체할 수 없는 '무엇'을 발견한다. '인간밖에 할 수 없는 것', '자신만이 할 수 있는 것'이 한층 더 중요해진다. 그리고 거기에 당신의 사명이 있을 것이다.

내가 어떻게 나의 사명을 발견하고 살아왔는지를 여기서 이야기하고 싶다. 첫 직업을 선택한 이유, 사명을 찾고 독립한 것, 그리고 현재 어떤 마음가짐으로 일하는지, 직업과 사명, 보람에 대하여 당신에게 참고가 될지는 모르지만 인생의 선배로서 나의 이야기를 들려주고 싶다.

어릴 적부터 돈이 좋았던 내가 10살에 처음 산 건 아버지가 즐겨마시던 삿포로맥주의 주식이었다. 매일 신문을 구석구석 읽고 어떤 주식을 사면 돈을 불릴 수 있는지 생각하는 게 견딜 수 없을 만큼 몹시 즐거웠다. 그 무렵 장차 투자가로 살자고 결심했다.

돈 외에 좋아했던 것은 생물로, 중고등학교 시절에는 생물연구부에 들어갔다. 그리고 대학 진학을 고민할 무렵에는 수산학부水産學部에 가려고 했다. 투자가가 되고 싶은 마음도 있었지만 투자는 직업으로 하지 않아도 할 수 있으니 일로는 물고기 연구를 하고 싶었다.

그런데 결국 법학부에 진학했다.

국가에 대하여 공부할 필요가 있으니 관료가 되라는 것이 아버지의 의견이었기 때문이다. 일본이 통치할 당시의 대만에서 태어나 전쟁이 끝난 뒤 일본 국적을 박탈당하고 어머니와 결혼함으로써 다시 일본인이 된 아버지는 나라에 대해 특별한 생각을 가지고 있었다.

그래서 나는 아버지의 뜻을 받들어 국가공무원 시험을 봤고 통산성(현재는 경제산업성)에 입성하여 공무원으로서 16년 동안 일했다. 법률을 만들어 사회를 더 좋아지게 하는 게 정부기관의 주요 업무다. 정부기관에서의 일은 자극적이고 재미있었다. 나는 매일 이 나라가 어떤 모습이어야 하는지에 대하여 생각했고 마땅히 되어야 하는 모습에 다가가기 위해 맹렬히 일했다. 조직의 규칙이나 논리에 따라야만 했던 일도 있어 때로 납득이 되지 않는 일도 많았다. 하지만 보람 있는 일이었고 여러 사람들과 만나며 다채로운 경험을 할 수 있었다. 그러는 가운데 내게 큰 전환점이 되어준 것은 '기업의 지배구조corporate governance'라는 개념을 일본에 도입하는 일을 담당하게 된 것이다. 기업의 지배구조란 '기업통치'라고도 하는데, 회사 경영이 철저히 규칙에 따라 움직이고 있는지, 주주 등 회사 관계자 모두에게 최선의 경영을 하는지를 감시하는 시스템이다.

내가 통산성에 들어갔을 무렵 급성장을 이룬 일본은 1990

년대 초반 '거품붕괴'를 맞이했다. 어제까지 거기에 있던 자산이 거품처럼 순식간에 사라졌다. 많은 회사가 도산했고 어제까지 거부로 불리던 사람이 파산하거나 가계의 버팀목이던 부모가 일자리를 잃거나…. 그렇게 어려운 시대로 들어섰다. 그 상황에서 좀처럼 벗어나지 못하는 것을 보고 나는 일본이 다시 튼튼해지길 바랐고, 안심하고 여러 일에 도전할 수 있는 사회로 만들고 싶었다. '나는 무엇을 할 수 있을까? 무엇을 하면 좋을까?'를 곰곰이 생각하던 중에 '기업의 지배구조'라는 개념을 알게 되었다. 그리고 그 개념이 널리 우리 사회에 뿌리내린 이후의 모습이 눈앞에 펼쳐졌다.

돈이 사회 곳곳을 순환하면서 생동감을 불어넣고 일하는 사람들이 활기를 되찾는다. 그러기 위해서는 거품붕괴를 겪으면서 방어적인 태도로 돌아선 기업을 바꿔놓아야 한다. 기업이 바뀌지 않으면 활력은 되살아날 수 없다. 어린 시절부터 투자를 해오면서 여러 기업을 보아온 내가 '그 일을 할 수 있을지 모른다. 아니, 단연 나밖에 없다.'고 믿었다. 나는 이 미래상을 목표로 하는 흔들림 없는 나의 '사명'을 받아들였다.

기업의 지배구조라는 개념은 구미에서는 이미 널리 퍼져 있다. 나는 공무원으로서 이 나라를 위해 '기업의 지배구조'를 널리 보급하고 싶어 열심히 노력했다. 그런데 결론부터 말하면, 여러 가지 시도를 했지만 기업은 좀처럼 바뀌지 않았다. 기업의 지배구조 따위 몰라도 이제껏 잘해왔으니 됐다고 생각했을지 모른다.

나는 어떻게 기업의 지배구조를 널리 보급할지 매일 생각했다. 그리고 공무원이라는 제3자의 입장에서 기업을 바꾸는 것이 아니라 투자가로서 직접 관여할 수 있는 주주가 되면 기업이 더 빨리 그것의 중요성을 깨닫게 될지도 모른다는 생각에 이르렀다. 본디 언젠가는 투자가로 살고 싶었기에 마흔을 눈앞에 둔 시점에 독립하여 투자펀드를 설립했다.

투자펀드라는 것은 사람들의 돈을 맡아 그 돈을 증식시키기 위해 주식투자를 통해 운용하는 것이다. 나는 투자펀드의 책임자로서 무엇에 얼마의 금액을 투자할지를 결정하는 펀드매니저가 되었다.

그것은 내가 어린 시절부터 좋아하고 잘하는 일이다. 물론 세상에는 펀드매니저라 불리는 사람이 나 말고도 많다. 그들 모두가 사람이 맡긴 돈을 크게 증식시키기 위해 필사적으로 공부하고 매일 주식을 팔거나 산다. 그러는 가운데 내가 펀드매니저로 선택받기 위해서는 다른 펀드매니저보다 돈을 더 많이 증식시킨다는 것을 증명해야만 한다.

나는 돈을 키우는 데는 자신이 있었다. 하지만 펀드매니저로서 보여줄 실적 같은 것은 아직 없었다. 그것이 없으면 펀드를 시작할 자금을 모을 수 없다. 그래서 나는 투자를 통해 기업의 지배구조 개념을 널리 보급하고 싶다는 나의 생각을 전했다. 그것이 나의 사명이고 펀드를 성립하는 이유였기 때문이다.

기업의 지배구조가 보급되면 무엇이 좋은가? 돈은 사회에 혈액과 같고 그 순환은 좋아질 것이다. 앞에서도 말했지만 기업이 특별한 이유 없이 필요 이상으로 돈을 쌓아두고 있다. 그것은 실로 큰 문제로, 세상을 돌고 돌아야 하는 돈이 거기서 정체되어 있기 때문이다. 이것을 바꿀 수 있다면 기필코 경제는 활력을 찾고 건강해질 것이다. 나는 그렇게 믿어왔다.

이 문제의식을 함께 나눈 사람들이 내게 돈을 맡겼다. 처음에 펀드가 맡았던 38억 엔은 운용이 잘 되어 점차 커졌다. 그 이후로는 '내 돈도 맡아 달라.'는 부탁을 많이 받았고 7년 후에 펀드의 운용자산은 5,000억 엔(한화 약 5조 원)에 이르렀다. 펀드로서 큰 성공이었다. 그러나 그 7년간 이 사회가 바뀌었는지 묻는다면 대답은 NO이다. 여기서 자세히 말할 수는 없지만 7년간 나의 사명과 펀드매니저로서의 성과 사이에서 많은 어려움을 겪었다.

그 후 펀드매니저는 그만두었지만 지금도 여전히 나는 투자가로, 변함없이 사명을 다하기 위해 매일 도전한다. 사명을 이루는 방법은 한 가지만 있는 게 아니라고 앞에서도 말했듯, 일이 바뀌어도 사명과 미래상은 여전히 명료하게 가슴에 품고 있다. 펀드매니저일 때는 사람들에게서 거액의 돈을 맡았기에 손해를 봐서는 안 되었다. 사명 달성에 중요한 때에도 나는 내게 돈을 맡긴 사람들을 먼저 생각해야 했다. 그러나 지금은 내 돈으로 투자하고 있어서 손해를 봐도 실패를 해도 나의 의지대로 싸울 수 있다. 오로지 나의 사명만을 좇는 나날을 살아가고 있다.

이런 나를 두고 '돈이라면 이미 충분히 있으니 직업을 가지고 일할 필요는 없지 않은가'라고 말하는 사람도 있지만, 당치도 않다. 언짢은 일도 유감스러운 일도 숱하게 경험했지만, 그래도 나는 주식에 투자하는 일을 할 수 있어서 정말로 좋았다. 이 일을 그만두는 것이야말로 내게는 가장 힘든 일이다. 좋아하는 일이고 사명을 이뤄내기 위해 반드시 필요한 일이기 때문이다.

일을 하면서 운명과도 같은 사명과 만나고 그것은 나의 보람이 되었다. 물론 기분 나쁘고 생각처럼 잘되지 않아서 속상한 일도 수없이 겪었지만 내가 잘하고 좋아하는 일을 직업으로 가지고 사명을 다하기 위해 살아가는 나의 이 인생이 너무 행복하고 고맙다.

5

돈은 벌어서 모으고
굴려서 불린다

머니 센스 기르기 Ⅱ

돈이 돈을 낳는다

돈은 벌어서 모으고 굴려 불린다. 불린 뒤에 다시 굴린다. 이 사이클이 중요하다고 앞에서 여러 차례 말했다. 이번 장에서는 어떻게 돈을 모아 불릴지에 대하여 이야기하려 한다. 우선은 모으는 이야기부터 시작해보자.

나의 아버지에게는 몇 가지 말버릇이 있었다. 앞에서 소개했듯 돈은 외로움쟁이라는 말 외에 '돈이 없으면 아무것도 못한다.'는 말이다.

다행히도 나는 어릴 적부터 낭비하는 게 싫어서 투자하고 불린 돈을 소비하기보다는 다시 투자했다. 부지런히 돈을 모으고 불렸다. 이 반복이었다. 그 돈으로 특별히 어떤 것이 하고 싶었던 것은 아니다. 그저 언제인가 무엇을 할 때를 위한 것이라고 생각했다. 언제인가 무엇을 할 때 가능한 많은 돈을 가지고 있으면 큰일을 실현시킬 수 있다. 그때를 위해 지금 여하튼 모으자. 그런 마음뿐이었다. 구체적인 꿈같은 것은 없었지만 모은 돈을 굴리고 불리는 일을 이어갔다. 마흔 무렵까지.

마흔에 공무원을 그만두고 독립할 때까지 나는 끊임없이 돈을 모으고 굴려 불렸다. 그리고 펀드매니저로서 인생의 제2막에 들어섰을 때 그 돈은 내게 큰 힘이 되었다.

여기서 좀 더 보충해보자.

제1장에서 돈을 모아서 움켜쥐고만 있으면 그 흐름이 멎는다고 말했다. 돈을 모을 때는 목적을 가지고 돈을 불려간다. 그것이 일정 금액이 되면 집을 사거나 사업을 시작하는 등, 구체적인 사용처를 가진다.

물론 돈을 모으든 그렇지 않든 돈을 어디에 쓸지는 사람마다 다르다. 모으기보다 고급 스포츠카를 사는 사람도 있고 비싼 시계를 수집하는 것이 취미인 사람도 있다. 자신이 행복한 방식으로 돈을 쓰면 그것으로 좋다.

단, 나의 경험에서 말할 수 있는 것은 '돈은 황금알'이라는 사실이다. 따라서 먼저 종잣돈을 모으는 것부터 시작한다. 아무것도 없으면 아무리 시간이 흘러도 제로일 뿐이지만, 종잣

돈은 황금알이 되어 인생의 국면마다 힘을 발휘한다. 어떤 인생을 걸어가든 일단 돈을 모으는 것부터 시작하자. 무조건 종잣돈을 모으는 것부터 하자.

황금알을 만드는 법칙

... 수입의 20퍼센트 저금

그렇다면 구체적으로 어떻게 돈을 모을까? 앞에서도 말했지만 어른이 되면 일상생활을 살아가는 데 필요한 지출이 증가하여 좀처럼 돈이 모이지 않는다. 사회에 막 나올 무렵에는 특히 월급은 적은데 살 집도 얻어야 하고 회사에 입고 갈 옷도, 교제비도 만만치 않다. 이렇듯 돈 들어갈 데가 많아서 저금할 돈이 여의치 않다.

그래도 차츰 생활이 안정되면, 수입의 70퍼센트를 생활비에 할애하고 10퍼센트는 취미나 즐거움을 위해, 그리고 20퍼센트는 무조건 저금하는 걸 원칙으로 해야 한다. 이 정도의 균형이 가장 적당하다. 이 20퍼센트가 돈을 낳는 황금알이 된다. 바꿔 말해 수입의 70퍼센트 내에서 생활한다.

그러면 어떻게 돈이 돈을 낳을 수 있을까? 세뱃돈을 받아

서랍에 넣어둔다고 그 돈은 절대 불어나지 않는다. 돈이 불어나는 데는 규칙이 있다. 그것은 돈을 '굴리는' 것이다. 돈을 '흐름'에 얹는 것이다.

산 정상에 있는 작은 옹달샘의 물이 바다에 다다를 무렵에는 큰 강이 되어 있듯, 돈은 흐름을 타고 점차 불어난다.

돈이 생겼을 때 가장 먼저 떠올리는 것은 은행에 맡기는 것이다. 은행 계좌는 '이자'가 붙는다. 이 이자가 바로 돈이 낳은 돈이다.

은행은 여러 사람들한테서 돈을 맡아 그 돈을 필요로 하는 사람에게 빌려준다. 은행에서 돈을 빌리는 사람은 은행에 이자를 지불한다. 은행은 이자를 받고 그 일부를 은행에 저금한 사람에게 지불한다. 이렇듯 은행에 맡긴 돈은 이곳저곳으로 흐른다.

하지만 최근 은행에 돈을 맡겨도 이자가 너무 낮아서 그다지 돈이 불어나지 않는다. 일본 은행의 평균 금리는 0.001퍼센트다. 예컨대 100만 엔을 1년간 은행에 맡겨도 이자로 받는 돈은 고작 10엔이다. 이래서는 황금알이라고 말할 수 없다.

그리고 다른 한 가지, 은행에 맡기면 돈이 오히려 줄어든다는 사실을 기억해둬야 한다. '줄어든다'고 말했지만 실제로

100만 엔
빌린다

100만 엔
맡긴다

○△은행

105만 엔
갚는다
(금리 5%)

100만 엔
예금
(금리 1%*)

* 금리가 0.001%라면
100만 엔의 이자는 10엔

105만 엔-101만 엔=4만 엔은
은행의 수입

금액이 줄어드는 것은 아니다. 경제가 성장가도를 달리는 국가에서는 오늘의 100엔이 5년 뒤에도 그대로 100엔의 가치를 가지는 것은 아니다. 가치가 조금씩 줄어든다. 이렇듯 돈이 가진 가치가 낮아지는 것을 '인플레이션'이라고 한다.

예컨대 50년 전인 1970년경에는 라면 한 그릇을 250엔에 먹을 수 있었다. 그런데 지금 라면 한 그릇을 먹으려면 최소 500엔은 있어야 한다. 왜 가격이 두 배가 된 것일까? 답은 50년 전에 1엔의 가치가 절반으로 떨어졌기 때문이다. 50년 전에 100만 엔으로 살 수 있었던 물건을 지금 사려면 200만 엔을 지불해야 한다는 것이다.

그런 상황에서 50년 전에 은행에 100만 엔을 맡겼다고 가정해보자. 금리를 0.001퍼센트라고 한다면 지금 100만 500엔이 되었을 것이다.

바로 이 부분이 생각해볼 지점이다. 분명 액면가는 500엔 증가했지만 100만 엔의 가치 자체가 절반으로 줄었다. 은행에 맡겨도 돈이 줄어든다는 것은 이런 상황을 가리킨다.

《50년전》
1970年代

《 현재 》
2018年

¥250 ⇨ ¥500

리스크와 리턴

어렵사리 돈을 모아도 은행에 맡겨두기만 하면 황금알이 되기는커녕 돈의 가치가 줄어들기에 의미가 없다. 일본인은 세계적으로 수입의 대부분을 저금하는 '저축왕'으로 알려져 있다. 하지만 다른 나라 사람들은 저축보다는 투자로 돈을 굴리는 비율이 상당히 높다. 한 마디로 통틀어서 투자라고 말해도, 채권이나 부동산 혹은 와인이나 옥수수처럼 그 대상은 엄청 다양하다. 지금은 분위기가 많이 가라앉았지만 가상화폐도 투자의 대상이다.

미래에 틀림없이 가치가 오른다, 지금 지불하는 돈보다 많은 돈이 언제인가 돌아온다고 생각한다면 투자해야 한다.

투자하여 돌아오는 수익이 '리턴'인데, 이 리턴은 은행에 맡겨 받을 수 있는 이자보다 높은 것이 일반적이다. 특히, 장기적으로 보면 확실히 그렇다. 예컨대 어떤 물건에 투자하는 경우 인플레이션이 일어나도 그 물건의 가격도 함께 오르기에 그 시대의 가치가 그대로 반영된다. 앞의 사례로 말하면 50년 전에 투자한 100만 엔이 지금은 200만 엔의 가치를 가진다.

그렇다면 주식은 어떨까? 주식은 시대에 맞게 돈의 가치가 반영되는데, 개별적으로 보면 회사의 재정 상태나 앞으로의 활약을 투자가가 어떻게 예측하는가로 가격(주가)이 결정된다. 어느 회사가 오랫동안 순조롭게 사업을 전개하여 많은 이익을 올리고 있다면 50년 전에 100만 엔을 주고 산 주식은 지금쯤 2000만 엔이 되어 있을 가능성도 있다. 반면 도중에 회사가 망했거나 사업이 잘되지 않아 이익을 올리지 못했다면 10만 엔, 혹은 제로가 되기도 한다.

흔히 '리스크'라는 말을 들은 적 있을 것이다. 리스크란 '위험성'이라는 의미로, 돈 이야기를 할 때에 사용되는 리스크는 돈이 줄어들 위험성을 가리킨다. 은행 예금보다 더 많은 수익을 올리고 싶어서 투자를 하는데, 투자에는 언제나 리스크가 뒤따르는 법이다. 투자한 돈을 몽땅 잃을 가능성까지 있다.

투자한 금액 이상의 돈이 돌아오는 리턴과 투자한 돈이 줄어드는 리스크에는 일정한 규칙이 있다.

리턴이 낮은 것은 리스크도 낮다.
리턴이 높은 것은 리스크도 높다.

그러면 어떻게 돈을 불릴까? 그러기 위해 어느 정도의 리스크를 감당할까? 만일 생각처럼 되지 않아 얼마의 돈을 잃어도 평온할 수 있을지 생각해본다. 최대한 불리고 싶어서 가지고 있는 돈 전부를 리스크가 높은 곳에 투자하면(소위 '몰빵투자') 1년 뒤에 2배로 불어날 가능성도 있지만 제로가 될 가능성도 높다. 돈을 불리기 위해서는 리스크와 리턴을 비교하고 자신에게 맞춰 적절히 배분해야 한다.

자신에게 맞는 배분을 생각하고 조금이라도 좋으니 돈을 굴리자. 투자로 자산의 일부를 사회 안에서 순환시키자. 물론 리스크는 따르지만 돈을 순환시키지 않으면 돈은 불어나지 않는다. 게다가 돈이 순환함으로써 경제는 성장하고 사회는 앞으로 나아간다. 기본적으로 당신이 투자한 돈은 여러 다양한 형태로 당신 곁에 한층 커져 되돌아온다.

여기까지 읽고 당신은 무슨 생각을 할까? 맞다. 돈을 불리는 것은 결코 간단하지 않다. 어떤 방법을 선택하든 반드시 리스크가 따르기 마련이다. 리스크가 낮으면서 빠르게 돈을 불릴 방법은 없는가? 라는 생각을 할지도 모르지만 그런 방법은 '없다'.

지금 단계에서 내가 말할 수 있는 것은 돈을 불리는 데 지름길은 없다. 마법은 없다는 말이다. 여러 차례 말했지만 우선 무슨 일이든 자신의 머리로 생각하고, 사물을 숫자로 파악하는 버릇을 키운다. 그리고 내가 투자할 때에 가장 중요시하는 '기댓값'이라는 사고를 익힌다. 이것이 돈을 불리는 데 무엇보다 중요하다.

.

돈을 불리는 비결

… 기댓값

나는 주식 투자를 통해 돈을 증식시켜왔다.

내가 주식 투자를 할 때에 가장 중시하는 것이 '기댓값'이다.

기댓값이라는 것은 돈 벌 확률을 말한다. 머니 센스의 핵심이 되는 개념이다. 100엔어치 주식을 샀을 때에 장차 그것이 300엔이 될 가능성은 어느 정도인가? 반대로, 50엔이 될 가능성은 어느 정도인가? 이것을 자기 나름으로 열심히 생각하고 기댓값을 예측한다.

예컨대 100엔을 주고 산 주식이 3배(300엔)가 될 가능성이 10%, 0.5배(50엔)가 될 가능성이 90%라고 하자. 그 경우의 기댓값은 3×10%＋0.5×90%＝0.75가 된다.

기본 기댓값은 1이다. 1이란, 100엔이 100엔인 채로 있는 것을 말한다.

100엔이 100엔인 채로 있을 가능성이 100%일 때 1×100%＋0×0%＝1이 된다. 따라서 1을 웃돌 때 기댓값은 높고, 밑돌 때 기댓값이 낮다고 말한다. 기댓값이 높을수록 투자가 진행되었을 때 수익률은 커진다.

그렇다면 100엔으로 산 주식이 10배(1,000엔)가 될 가능성이 10%, 0.5배(50엔)가 될 가능성이 90%라면 어떻게 될까?

10×10%＋0.5×90%＝1.45가 된다.

1을 크게 웃돌고 있기에 기댓값이 매우 높다고 말할 수 있다. 나라면 이런 경우 투자를 진행한다. 반토막으로 떨어질 확률이 90%지만 10%의 확률로 10배가 될 수 있기에 그렇다.

기댓값은 예를 들어 가위바위보를 10번 했을 때에 몇 번이나 이길 수 있는가 하는 확률과는 다르다. 이길 가능성이 낮아도 그 적은 가능성 속에서 이긴다면 얼마나 큰 것을 얻을 수 있는지를 예상하는 수치다.

또한 기댓값은 몇 배가 되는지, 그리고 %로 나타내는 '가능성'을 스스로 생각하고, 숫자를 적용시켜야 한다는 것이 중

100엔의 주식이 100엔인 채로 있을
가능성이 100%일 때

$$1 \times 1 = 1$$
(1배) (100%) (기준값)

A
주식 ¥100
→ 주식 ¥300 이 될 가능성 → 10%
→ 주식 ¥50 이 될 가능성 → 90%
(3 × 0.1) + (0.5 × 0.9) = **0.75**

B
주식 ¥100
→ 주식 ¥1,000 이 될 가능성 → 10%
→ 주식 ¥50 이 될 가능성 → 90%
(10 × 0.1) + (0.5 × 0.9) = **1.45**

요한 포인트다.

여기서 제1장에서도 이야기한 '사물을 숫자로 파악한다.'는 사고가 나왔다. 국가에 대해서 생각할 때는 성장률과 현재의 GDP, 인구, 부채 등 거시경제지표는 물론 환율이나 토지·주택 가격, 평균 소득도 숫자로 살펴볼 수 있다. 일단 이런 것을 머리에 담아둔다. 이렇듯 대다수 숫자를 기억하고 생각하면 전 세계에서 그 나라가 어느 정도의 위치에 있고 앞으로는 어떻게 될지 등등의 예상이 저절로 보인다. 여러 가지 숫자들을 자신의 경험이나 직감을 총동원하여 주식은? 토지는? 이런 식으로 기댓값의 공식에 적용한다. 그러면 어느 나라에 어떤 식으로 투자해야 할지 저절로 알게 된다.

투자해야 할 대상이 정해지면 다음은 좀 더 세밀한 숫자를 살핀다. 주식이라면 업계의 전체 규모나 개별 기업의 실적, 그 추이, 자산, 대출금, 직원수… 여하튼 입수할 수 있는 온갖 숫자를 머릿속에 담는다. 이런 식으로 세계에서 그 나라가 어느 위치에 있고 그 나라에서 사업의 상황이 어떤지, 그 나라에 있는 기업들의 상황이 어떠한지를 숫자로 파악하고 그것으로 기댓값을 이끌어낸다.

기댓값에 정답 같은 건 없다. 같은 주식을 두고도 당신의 기댓값과 나의 기댓값은 완전히 다를 수 있다. 대다수 사람이 각자의 경험과 공부해온 것에 의해서 나오는 것이기 때문에 자신의 머리로 생각하고 구한 기댓값이 진짜로 그대로 될지는 아무도 모른다. 그러나 한 가지라도 더 숫자를 머릿속에 담고 데이터로서 축적해가는 것, 거기에 자신의 경험치가 더해지면 기댓값의 정밀도를 높일 수 있다. 게다가 돌발 상황이나 생각지 못한 사태가 벌어졌을 때 어떤 식으로 대응할 것인가? 순조롭게 진행될 때도 기댓값을 좀 더 높이기 위해 무엇을 하면 좋은지를 생각하고 실행에 옮길 수 있는가? 이런 것으로 기댓값은 더 높일 수 있다.

안타깝게도 사물을 숫자로 파악한다는 것은 오늘부터 한다고 해서 갑자기 할 수 있게 되는 게 아니다. 어릴 때부터 숫자와 친하고 숫자로 기억하고 생각하는 연습을 수없이 반복하는 가운데 숫자에 강해지는 것이기 때문이다.

도마뱀의 꼬리 자르기

보통 기대하는 리턴과 리스크의 높이는 함께 오르거나 내린다.

주식 투자에서 리스크라는 것은 자신이 투자한 돈이 전액 돌아오지 않는, 혹은 크게 줄어드는 것을 말한다. $20 \times 10\% + 0 \times 90\% = 2$라는 기댓값일 때, 100만 엔이 2,000만 엔이 될 가능성은 10%밖에 되지 않는다. 그러나 0엔이 되어버릴 가능성은 90%나 있다. 이처럼 제로가 될 가능성이 매우 높으면 대다수 투자가는 '투자하지 않는다.'고 결단한다. 그러나 나는 아니다. 기댓값이 1을 크게 상회하고 있기에 투자한다. 그리고 2,000만 엔이 될 가능성을 10%보다 좀 더 높일 수 없을지를 생각한다.

벤처 투자는 그야말로 이처럼 제로가 될 가능성이 매우 높다. 하지만 일단 성공하면 리턴이 매우 큰 투자다. 그럴 때 나는 투자한 곳의 사업이 순조롭게 성장하도록 나의 인맥이나 네트워크를 총동원하여 지원한다. 그럼으로써 기댓값을 높일 수 있다.

기댓값을 생각할 때 기억해둘 것이 한 가지 더 있다. 그것은 '손절'이라는 개념이다. 투자에 실패하는 사람의 대다수는 손절에 매우 서툴다.

손절이라는 것은 도마뱀의 꼬리 자르기와 같다. 도마뱀은 누군가 자신의 꼬리를 잡거나 어딘가에 끼어 꼼짝하지 못하게 되면 스스로 자신의 꼬리를 자르고 도망친다. 그때 도마뱀은 꼬리 끝을 잃지만 소중한 생명은 지킬 수 있다.

상황이 불리하게 진행될 때 '지금껏 투자한 돈이 아깝다.', '시간이 지나면 일이 잘 풀릴지도 모른다.'며 결단을 미루고 끌려가면 손해는 더욱 커지게 마련이다. 게다가 오랜 경험상 돌연히 상황이 회복되거나 크게 역전되는 일은 매우 드물다. 상황이 이상하게 진행되면 대개는 그대로 나쁜 방향으로 흘러가기 마련이다. 그러므로 손해가 적을 때 깔끔하게 포기한다. 포기하는 용기를 가진다. 그리고 그 손해를 회복하는 데 자신의 에너지와 시간을 쓰는 게 더 생산적이다.

이해하기 쉽게 주식 투자라는 측면에서 기댓값을 이야기했다. 그러나 이 기댓값이라는 개념은 인생의 모든 것에 응용할 수 있다. 나는 나의 아이들에게도 '기댓값으로 생각하라.'고 늘 말한다.

기댓값은 '행복의 기준'과는 다르다. 당신이 행복을 느끼는 것에 돈을 쓴다면 기댓값은 신경 쓸 필요가 없다. 그러나 돈을 잘 사용하고 불리고 싶다면 기댓값은 큰 힘이 되어준다.

예컨대 생명보험에 가입할 때에 당신이 보험을 이용하게 될 가능성을 얼마로 예측하는가? 보험에 들지 않는 리스크를 저축으로 피할 수 없을까? 커리어 향상을 위해 공부하려고 할 때에 비용 이상의 리턴을 얻을 가능성은 얼마인가? 그 가능성을 더 높일 수 있을까? 하는 식으로 돈을 투자하는 장면에서 이 기댓값을 생각해본다.

기댓값을 높이기 위한 연습

기댓값을 높이기 위해서는 제2장에서 소개한 밥값 맞추기 게임이나 카드게임을 통한 훈련이 도움이 된다. 상대가 어떤 대응을 해오는지를 보고 자신의 전략을 변경하거나 자신의 전략을 상대에게 읽히지 않도록 하여 게임에서 이기는 것과 기댓값을 구하고 그것을 높이는 것은 비슷하다.

예컨대 포커라는 카드게임이 있다. 마이크로소프트의 빌 게이츠나 자산가이자 투자가인 워런 버핏도 즐긴 게임이다. 이렇듯 카드게임을 해보면 상대가 어떤 심리 상태에 있는지를 파악하는 힘을 기를 수 있다. 상대가 허세를 부리는 사람인지 아닌지를 간파하고, 승부를 걸 때인지 아닌지를 판단하는 힘을 키울 수 있다. 이 능력은 비즈니스를 하는 데 꼭 필요한 것이다.

사실 나의 큰아들이 학생 챔피언이 되었을 만큼 포커를 잘한다. 그는 포커에서 이기는 데 가장 중요한 것은 자기보다 '약한 상대(FISH)'를 찾아내는 것이라고 말한다. 여기서 말하는 약한 상대는 결국 카드게임의 근본이 되는 기댓값을 철저히 계산하지 않고(혹은 기댓값을 계산하지 못하고) 포기해야 할 때에 포기하지 못하는 사람, 포기하지 않아도 될 때 포기하는 플레이어를 말한다. 이런 플레이어가 없다면 곧 게임에서 내려와 약한 상대가 나타날 때까지 기다린다. 반대로, 대전 상대가 강해서 게임에서 기댓값이 1을 넘지 않을 때는 승부해서는 안 된다. 더불어 이런 게임에서는 대전 상대가 위기의 순간에 돈을 거는 타입인지 아닌지를 상대가 입고 있는 옷차림, 말과 행동, 몸짓을 근거로 복합적으로 생각하여 최종적으로 직감에 의지해 판단한다.

포커는 한낱 게임일 뿐이라며 얕잡아볼 수 없을 만큼 비즈니스에 유용한 판단력이 요구된다.

포커뿐 아니라 게임에는 생존 능력을 키워주는 요소가 많이 감춰져 있다. 내게는 네 명의 아이가 있는데, 그들은 어릴 적부터 늘 게임을 했다. 그 중에서도 대표적인 게임을 여기서 소개해볼까 한다. 기댓값이라는 개념을 키울 수 있도록 가족이나 친구와 함께 해보자.

〈가위바위보 게임〉

2명이 하는 대전 게임이다. 우리가 흔히 하는 가위바위보를 조건과 규칙을 변형하여 게임화한 것이다. 한 게임 중 각 플레이어는 2회씩 가위와 바위와 보를 낼 수 있다. 확률적으로 승패는 50대 50로 동률이다. 예컨대 1승 1패 1무승부라는 상태에서 나에게는 바위 2회와 가위 1회, 상대에게는 보 1회 가위 2회가 남아 있다고 치자. 내가 앞으로 3회에 낼 수 있는 패턴은 3종류, 상대도 똑같이 3종류이기에 승부의 조합은 9패턴이 된다. 이 9패턴을 생각했을 때, 현시점에서는 1승 1패 1무승부라는 상태에서 동점임에도 불구하고, 이후에 어떤 순서로 나머지 손을 내도 내가 지지는 않는다. 따라서 단순히 생각하면, 내가 무승부와 이길 확률은 2대 1인데, 상대의 행동패턴이나 마음 상태를 간파함으로써 기댓값은 높아질 수 있다. 이런 계산이 머릿속에서 순식간에 이뤄지고 상대의 패턴도 읽으면서 다음에 나올 '손'을 생각하는 것이 중요하다.

이 경우에 최종적으로 내가 이기기 위해서는 나머지 3회를 모두 이겨야 한다. 나의 바위로 상대의 가위에 2회 이기고, 나의 가위로 상대의 보에 1회 이기면 내가 이긴다. 이때 1회만 사용하는 가위를 내어 보를 이길 타이밍을 간파하기 위해

1승 1패 1무승부

서는 상대가 언제 수비 태세에 들어가는지를 살펴야 한다.

나는 첫 가위바위보에서 비기면 대개 다음에도 똑같은 손을 낸다. 왜냐하면 상대는 2회밖에 사용할 수 없는 손의 나머지 하나를 즉시 내지 않을 것이라고 생각하기 때문이다. 그러면 상대는 내가 같은 손을 내지 않을 것이라는 전제에서 지지 않는 손을 내기에 결국 2회째는 대개 내가 이긴다. 덧붙이면 1회째도 2회째도 같은 손을 내어 2회 연속하여 무승부가 되면 이길 확률과 지는 확률은 얼마일까? 사실 양쪽 다 제로로 무승부밖에 없다.

가위바위보 게임은 단순히 게임을 하기만 하면 간단하다. 하지만 이 게임을 통해, 상대의 현재 상황을 파악하는 능력과 언제 리스크를 짊어지는 타입인지를 이해하게 된다. 가위바위보를 할 경우에 같은 손을 2회 연속 내는 일은 그다지 일반적이지 않지만, 게임에 익숙해지면 일부러 2회 연속 같은 손을 내어 상대의 예상을 뒤엎기도 한다.

나의 아이들의 경우에는 장녀와 장남은 처음에 리스크를 회피하는 타입이고 차녀는 일단 상대가 무엇을 내는지를 보고 승부를 거는 타입이고 13세의 막내아들은 그때그때의 상황에 맞춰 대응이 변하는 타입이다. 아이들도 어릴 때는 그저 승부의 결과에 일희일우했지만, 나이를 먹으면서 나를 따라 변칙적인 승부를 꾀하는 등 적극적으로 도전하고 있다.

〈31게임〉

이 게임은 순식간에 숫자에 강한지 약한지를 알 수 있다. 규칙은 매우 단순해서 둘이서 번갈아 숫자를 말하고 먼저 31이 되는 사람이 지는 게임이다. 몇 개의 숫자를 열거할지는 그때마다 정한다. 이 게임에는 반드시 이기는 규칙이 있다. 그 규칙을 얼마나 빨리 알아차리는지가 포인트이다.

예컨대 ① 최소한 1개, 최대 3개의 숫자를 열거하는 경우의 필승법은, 먼저 공격하는 데 있고 자신이 나열하는 숫자의 개수와 상대가 나열한 숫자의 개수의 합계를 반드시 4개로 유지하는 것이 승리의 비결이다.

다음에 ② 최소 1개, 최대 4개의 숫자를 열거하는 경우의 필승법은, 자신이 나중에 공격하는 데 있다. 상대가 말한 숫자의 개수와 자신이 말한 숫자의 개수의 합계가 5개를 유지하면 반드시 이길 수 있다.

포인트는 자신이 이기기 위해 마지막으로 말해야 하는 숫자는 31 직전의 숫자인 30으로, '어떻게 하면 자신이 30을 말할 수 있는가'에 달렸다. 반드시 자신이 30을 말하기 위해서는 일정한 숫자의 배수로 진행해나가야 하는데, 그 일정한 숫자란 한 사람이 말할 수 있는 수 + 1(이 숫자를 A이라고 하

	〈세 개까지 말할 수 있는 경우〉		
31			
27	28	29	(30)
23	24	25	26
⋮	⋮	⋮	⋮
7	8	9	10
3	4	5	6
		1	(2)

30÷(3+1)=나머지가 생기는 경우
먼저 공격하여야 이긴다

	〈네 개까지 말할 수 있는 경우〉			
31				
26	27	28	29	(30)
21	22	23	24	25
⋮	⋮	⋮	⋮	⋮
6	7	8	9	10
1	2	3	4	(5)

30÷(4+1)=나머지가 생기지 않는 경우
나중에 공격하여야 이긴다

자)이다.

뒤집어 말하면 30부터 A를 점차 빼면 자신이 말해야 하는 숫자를 알 수 있다. 예컨대 상대가 몇 개 숫자를 말해도 자신의 차례에서 배수에 근거한 숫자에서 멈추기 위해서는 A에서 상대가 말한 숫자의 개수를 뺀 숫자가 자신이 말해야 하는 숫자의 개수다.

①의 경우에 상대가 1개의 숫자를 말하면 자신은 3개, 상대가 3개의 숫자를 말하면 자신은 1개라는 식으로 반드시 한 라운드에서 열거되는 숫자의 개수를 일정하게 유지할 수 있는 숫자가 바로 이 A라는 숫자다. 그러면 배수에 근거한 1라운드 안에서 반드시 자신이 나중에 공격하지 않으면 이 A라는 숫자를 자신이 제어하여 유지할 수 없다는 것을 알 것이다.

예컨대 30에서 A인 4를 빼면 26, 22, 18, 14, 10, 6, 2로 마지막 숫자가 4의 배수가 되지 않는다. 이렇게 30÷A라는 식으로 나머지가 생기는 경우에는 자신이 먼저 공격하여 나머지 2를 먼저 말해야 한다. 그렇게 되면 30까지 28개 숫자, 즉 A의 배수가 남게 된다. 이후부터 두 사람이 말하는 숫자의 개수 합이 4가 되도록 숫자를 열거하고 자신이 30을 말할 수 있도록 게임을 이끌어간다.

이 게임을 31게임이라고 하는데, 11이든 21이든 혹은 41

이든 열거할 수 있는 숫자가 최대 2개이든 5개이든 앞의 법칙을 적용하면 반드시 이길 수 있다. 나는 이 게임을 식사자리에서 동료와 자주 즐기는데, 이 법칙을 얼마나 일찍 알아차리는가로 그 사람의 숫자에 대한 능력을 파악할 수 있다.

과거 나의 회사에서 일하던 직원 중에 이 법칙을 10초 만에 알아차린 사람이 둘 있다. 그들은 역시 일을 하든 수다를 떨든 숫자에 매우 강해 여러 상황에서 결코 지지 않는 법칙을 찾아냈다.

이와 같은 법칙을 발견하는 것은 투자를 하는 데도 매우 중요하다. 주식시장, 투자대상인 기업의 마케팅, 투자대상인 기업의 대응패턴 등등 투자에 관한 여러 요인에서 법칙을 발견해내는 것은 보다 치밀하게 기댓값을 산정하는 데 없어서는 안 되는 요소다.

〈시치나라베〉

트럼프 게임 중 하나다. 카드 전부를 플레이어에게 나누고 7의 카드를 가운데에 꺼내어 순서대로 카드를 내 나열해가는 게임으로 가장 먼저 손에 들고 있는 카드를 없애는 사람이 이긴다.

각 플레이어는 카드를 내지 않아도 되는 3번의 패스를 사용할 수 있다. 이것이 포인트다. 이 패스는 진짜로 낼 카드가 없을 때는 물론 낼 카드가 있음에도 불구하고 작전상 내지 않을 때도 사용할 수 있다. 여러 사람이 하는 경우에는 패스를 현명하게 사용하여 계속 중요한 카드를 소유하고 다른 플레이어가 3번의 패스를 사용할 때까지 지연시키는 게 중요하다.

여럿이 즐기는 시치나라베는 매우 전략성이 높은 게임이다. 눈의 움직임이나 패스를 사용하는 타이밍 등등, 누가 자신이 원하는 카드를 가지고 있는지를 간파하고 패스를 하거나 카드를 내면서 상대가 자신이 원하는 카드를 내도록 작전을 펼친다. 나는 일단 나의 카드를 보고 내가 카드를 내지 않아도 다른 플레이어에게 영향이 적은 카드부터 내놓는다. 예컨대 동일한 그림의 6과 8의 조합처럼 내가 내지 않음으로써 많은 플레이어가 영향을 받는 카드는 끝까지 남겨둔다는 것이 기본 전략이다.

우선 시작하는 단계에서는 몇 차례 패스를 사용해 누가 어디서 멈추는지를 판단한다. 똑같이 상대도 나를 비롯하여 그 외의 플레이어의 행동패턴과 손에 든 카드를 추측하고 있기에 상대가 자신을 어떻게 보고 있는지를 다시금 예측한 뒤에 어떻게 상대의 허를 찌를지를 생각하여 패를 내지 않거나 조커를 내거나 하며 여러 전략을 조합하여 승부한다. 전략 없이 게임하는 사람도 많지만 보통 시치나라베는 순서나 패, 상대의 반응이 엮어내는 전략성이 높은 게임이라고 하겠다.

6

돈과 맞서기 위한 각오

돈이 흉기가 될 때

돈의 다른 한 가지 문

돈은 벌어서 모으고 굴려서 불린다. 이것이 기본이라고 앞서 여러 차례에 걸쳐 말했다. 그러나 세상에는 돈을 모으지 않고 돈을 '빌리는' 선택지도 있다. 돈을 빌리는 기회는 우리 주변에 흔히 있다. 너무 흔하게 있어 평범한 것처럼 되어버렸다. 그 때문에 돈을 빌리는 것이 얼마나 무서운 일인지 제대로 알지 못하는 사람이 많다.

최근 큰 문제가 되고 있는 것이 대학 진학을 위해 빌리는 학자금 대출이다. 장래 희망하는 일이나 조건 좋은 직장에서 일하기 위해 전문학교나 대학, 대학원에 진학하고 싶은 사람도 많다. 아직 어떤 일을 할지 정하지 못했기에 일단 대학에 들어가 여러 가지 공부를 하면서 생각하자는 사람도 있다. 학비로 돈을 쓰는 건 큰 의미가 있다. 공부할 기회가 있다면 앞

뒤 잴 것 없이 공부하는 게 옳다. 그러나 모든 사람이 대학 학비를 간단히 지불할 수 있는 건 아니다.

현재 일본의 대학생 2명 중 1명꼴로 학비를 비롯하여 공부하는 데 필요한 돈을 빌리고 있다. 그리고 빌린 돈을 갚지 못해 가족이나 친척까지 끌어들이고 파산하는 일도 심심찮게 일어난다.

예컨대 학생이 가장 많이 이용하는 학자금 대출의 경우에는 이자가 붙는 것과 붙지 않는 2종류가 있다. 이자가 붙는 경우에도 은행의 학자금 대출보다는 낮은 수준이지만 그래도 이자가 붙는다. 또 비록 이자가 붙지 않아도 빌린 돈은 갚아야 한다. 빌리기는 간단하다. 절차만 따르면 매월 자동적으로 통장에 돈이 입금되어 생활하는 데 도움을 받는다. 그러나 갚을 때가 되면 사회에 나가 스스로 일해서 번 수입에서 갚아야 하는데 그것은 상상했던 것보다 훨씬 어렵다.

빌리기는 쉽다

돈을 빌리기는 정말이지 간단하다. 학생지원기구에서 빌리는 경우에 매월 2만에서 12만 엔이라는 돈이 당신의 은행계좌로 지급된다. 매월 얼마의 돈이 들어올지는 여러 가지 조건에 의해 정해지는데, 예를 들어 월 8만 엔이라면 4년간 384만 엔(한화 약 3,840만원)의 돈이 들어온다. 그 돈은 장차 취직한 뒤에 갚으면 된다. 학생으로 공부하는 동안에는 돈에 대한 걱정 없이 학업에 전념할 수 있으니 좋은 제도처럼 보인다. 실제로 이 제도를 이용하여 매년 많은 학생들이 대학이나 전문학교에서 배움의 길을 걷고 있다.

그러나 앞에서도 말했지만 빌린 돈은 무슨 일이 있어도 갚아야 한다. 384만 엔의 돈을 빌린다는 것은 384만 엔 혹은 그 이상의 돈을 갚아야 한다는 의미이다. 그것은 돈을 빌릴 때 상상했던 것보다 훨씬 어려운 일이다.

4년간 매월 8만 엔의 돈을 대출로 학자금을 받아온 경우, 취직하여 월급에서 매월 8만 엔을 갚는다고 해도 다 갚는 데 4년이 걸린다. 매월 그렇게 돈을 갚기란 실제로 어려워서 보통은 월 상환액을 2만, 3만 엔으로 설정하는 일이 많다. 그러면 이번에는 상환 기간이 길어져 10년, 20년 동안 계속 돈을 갚아야 한다. 거기에 이자가 붙는다면 금액은 더 커진다. 상환을 못 하게 되면 연체료까지 발생하게 되어 최종적으로 본래 빌린 돈보다 훨씬 많은 돈을 갚기도 한다.

연대책임의 함정

실제로 그래서 고통 받는 사람이 많다. 도저히 갚지 못해 매년 3000명 이상이 파산한다. 게다가 자신이 파산하는 데 그치지 않고 부모에게 짐을 지우는 사례도 적지 않다. 학자금을 빌리기 위해서는 부모나 주변인이 연대보증인이 되어야 하기에 자신이 돈을 갚지 못하게 되었을 때 그 연대보증인이 대신 갚게 되어 있다.

학자금 대출은 편리한 제도이지만 이 같은 함정이 있다. 미래를 위해 학자금 대출 제도를 이용하여 공부했지만, 그 대출금을 갚기 위해 자신의 장래, 경우에 따라서는 부모의 생활까지도 무너진다. 그 같은 현실도 알아야 한다.

학자금 대출로 간단히 돈을 받을 수 있으니 대학이든 어디든 가서 공부해볼까 하는 정도의 가벼운 마음으로 대출금 제도를 이용해서는 안 된다는 말이다.

돈을 빌린다면 그 돈을 사용하여 공부하고 자신이 장차 얼마만큼의 돈을 벌 수 있을지도 생각할 필요가 있다. 그 계산이 만일 플러스가 아니라면 학자금 대출이 아니라 다른 방법으로 돈을 마련한 뒤에 학교에 가는 것을 생각해야 한다. 혹진학이 아니라 취업이라는 선택지도 있다. 취업하여 일하면서 돈을 모으고 대학에 들어가는 선택지도 있다.

최근에는 갚을 필요가 없는 장학금 제도도 많다. 대출금과달리 조건만 된다면 진학을 생각할 때는 이 같은 장학금 제도를 염두에 두면 좋다.

학자금대출

자기 돈으로 학교에 간다

서구에서는 먼저 취직하여 돈을 모아서 대학에 들어가 공부하는 사람이 많다. 이제까지는 적었지만 우리도 앞으로는 그런 선택지가 늘어갈지도 모른다.

제4장에서 말했듯 종신고용의 시대에는 취직만 하면 안정적인 수입이 약속되었기에 빌린 학자금을 갚는 것도 그리 어렵지 않았다. 그러나 지금은 상황이 달라졌다. 예컨대 대학에 진학해도 안정된 수입을 얻을 수 있는 직장에 취직하리라는 보장도 없고, 취직했다고 해도 도중에 그만두면 갚을 수 없게 된다.

한편으로, 중도 채용을 이용하여 전직하는 기회가 증가하고 있다. 사회인으로 일해 돈을 모은 뒤에 학교에 들어가 공부하고 보다 조건 좋은 기업에 취직하는, 서구에서는 너무도 당연한 일을 우리도 실행에 옮기기 쉬워졌다는 얘기이기도 하다.

무엇을 공부하면 좋은지도 모르는 채로 사람들을 따라서 진학하여 학자금을 빌리기보다는 일하면서 스스로의 힘으로 돈을 모은 뒤 필요에 따른 공부를 하기 위해 진학하는 게 훨씬 합리적인 생각이다.

빚은 트램펄린

집을 살 때 빌려주는 주택자금도 마찬가지다. '자기자금이 하나도 없어도 살 수 있다.' '퇴직금으로 갚으면 된다.' '다들 하는 거니 괜찮다.'는 솔깃한 말에 무리하게 돈을 갚을 계획을 세우고 결국 갚지 못해 파산하는 바람에 염원하던 내 집의 꿈을 포기하는 사람이 많다.

물론 돈을 빌리는 것을 무조건 나쁘게만 볼 생각은 없다. 돈을 빌리는 것도 중요한 경제활동 중 하나임에 분명하기 때문이다. 그렇다고 하여 쉽사리 돈을 빌려서는 안 된다. 다시 말하지만, 빌린 돈은 무슨 일이 있어도 갚지 않으면 안 되기 때문이다.

돈을 빌리는 것, 결국 빚에 대한 분명한 생각을 가진다는 것은 돈과 잘 지내는 데 매우 중요하다.

빚을 진다는 것은 트램펄린에 오르는 것과 같아서 자신의 힘만으로는 날 수 없는 높이까지 점프하게 만든다. 회사를 설립할 때나 집을 살 때에 매우 큰 힘이 되어준다. 그러나 더 높이 날게 되면 안전하게 착지하지 못하거나 받게 될 충격이 너무 커서 주변의 소중한 사람의 인생까지 망쳐버릴 수 있다.

돈을 빌린다는 것은 대개의 경우 100프로 갚는다는 보장이 없다. 갚을 길 없는 돈을 빌리는 것이 얼마나 무서운 일인지 알아야 한다. 먼저, 스스로 생각한다. 진짜 필요한가? 갚을 수 있는가? 갚을 수 없을 때는? 여러 차례 되풀이 생각한다. 철저히 생각하지 않고 돈을 빌린다면 되돌릴 수 없다.

200억 원과 2,000억 원의 빚

───

돈을 빌리는 게 끔찍이 싫은 나도 인생에서 세 차례 큰돈을 빌린 적이 있다. 처음 돈을 빌린 것은 결혼 후 주택자금을 마련하기 위해서였다.

두 번째는 마흔에 독립하여 펀드회사를 설립했을 때다. 존경하는 경영자이자 오릭스의 창업자 미야우치 요시히코 씨의 도움을 받아 아파트에서 사업을 시작했다. 미야우치 씨는 '펀드 하는 사람은 일에 대한 각오를 보이기 위해서라도 사람들이 맡긴 돈의 최저 10% 정도는 자신의 돈을 출자해야 한다.'고 조언을 해주어 설립 당시부터 그 조언에 따랐다. 그런데 펀드가 급속히 커지면서 드디어 내 돈으로는 10%를 출자할 수 없었다. 그때 미야우치 씨에게 부탁해 오릭스에서 돈을 빌려 내 펀드에 출자했다.

그때 빌린 돈이 20억 엔(한화 약 200억 원)이다.

그 20억 엔을 빌리기 위해 나는 당시 내 소유의 자산 대부분을 담보로 잡혔고 오릭스를 수익자로 하는 생명보험에도 가입했다. 오릭스는 내게 생명보험까지 들게 하여 만일의 경우를 대비하여 철저히 대출금을 회수할 수 있게 한 다음에 돈을 빌려주었다.

돈을 빌린다는 것은 이런 것이다. 기본적으로 무슨 일이 있든 상대에게 반드시 갚아야 한다. 이 사실을 절대 잊어서는 안 된다.

펀드는 순조롭게 운영되어 생명보험까지 들며 빌린 돈을 무사히 돌려줄 수 있었다. 그런 가운데 큰 기회가 찾아왔다. 내게는 일본의 주식시장을 바람직한 모습으로 바꿔놓고 싶다는 강한 염원이 있었고, 그때 내게 찾아온 일은 바로 그렇게 할 수 있을 만큼 큰 프로젝트였다.

그 때문에 이번에는 200억 엔(한화 약 2,000억 원)의 돈을 빌리기로 했다. 돈을 빌리는 것이 싫었지만, 사명의 달성을 위해 인생에 일대 승부를 위해서 반드시 필요했기 때문이다. 결국 일을 진행하는 과정에 여러 일들이 생겨 돈을 빌리기 전에 없던 일이 되어버렸다. 그러나 200억 엔이라는 큰돈을 빌리고 일생일대의 승부를 결심했을 때 내가 품었던 '실패하면 지금까지 이룬 것이 0이 될지 모른다. 어쩌면 마이너스

가 될지 모른다.'는 불안, '가족을 어려움에 빠뜨릴지 모른다.'
는 두려움은 어떤 말로도 형용할 수 없었다.

나는 돈을 빌렸을 때 어떻게 갚을까? 갚지 못하다면 어떻
게 될까? 이런 생각을 몇 번이고 되풀이했다. 그리고 100%
는 아니라도 어떻게든 갚을 수 있다는 확신과 자신감을 가졌
을 때, 또 갚지 못했을 때의 상황까지도 각오한 뒤에 빌렸다.
얼마를 빌릴지, 언제 갚을지도 신중하게 검토했다. 다시 말하
지만, 돈을 빌리는 게 나쁘다고 말하는 게 아니다. 그러나 갚
지 못하게 되었을 때 어떤 상황이 벌어지는지를 충분히 이해
하고 빌리지 않으면 생각지 못한 지옥의 문을 열게 된다.

최후의 만찬, 비프스테이크

돈과 잘 지내기 위한 각오가 되었는가? 그 원점에 섰던 경험이 내게도 있다.

어린 시절 어느 날, 저녁 식탁에 유명한 정육점의 비프스테이크가 평소보다 많은 양이 올라와 있었다. 아버지는 '일단 오늘은 마음껏 먹자꾸나.'라며 입을 열었다. 뭔가 이상했다. 이어서 아버지가 '어쩌면 이게 최후의 비프스테이크가 될지도 모른다. 나는 큰 승부에 나서려고 한다. 그러니 오늘밤은 마음껏 먹어라.'라고 말을 이었다.

투자가였던 아버지는 수익을 올리기도 하고 손실을 입기도 하며 여러 일들이 있었다. 그런 일을 비교적 이해하기 쉽게 아버지는 나에게 이야기해주었다. '오늘은 이런 일로 이렇게 수익을 올렸다.'거나 '이런 식으로 손해를 입었다.'거나 그런 이야기가 식사자리에서 당연히 오갔다. 그 비프스테이크 사건이 있었을 때 나는 초등학교 3학년으로 아직 어렸기 때문에 자세히 이해했던 것은 아니지만, 평소와 다른 아버지의 모습만큼은 지금도 똑똑히 기억하고 있다.

그리고 혼자 생각에 '두 번 다시 이 맛있는 비프스테이크를 먹지 못할지도 모른다.' '앞으로는 지금과 다른 생활을 하게 될지도 모른다.'는 경험해보지 못한 불안이 엄습해왔던 것도 기억한다.

나중에 알게 된 일이지만 당시 아버지는 '홍콩 플라워'라는 플라스틱 꽃을 만드는 사업에 투자하기로 결정했다. 비프스테이크 사건이 있은 지 반년 혹은 1년쯤 지났을 즈음에 아빠 공장을 보러 홍콩에 간 적이 있었다. 지금으로부터 50년 전의 일이다.

아버지의 투자는 성공했다. 건물의 한 층을 차지한 공장에는 수백 명의 어린 여자아이들이 조화를 만들고 있었다. 그러나 공장에 들어선 순간 머리가 어질어질할 만큼 지독한 화학약품 냄새에 토할 것 같았다.

이런 열악한 환경에서 내 또래 아이들에게 일을 시키다니! 아버지가 굉장히 나쁜 일을 하는 것 같아서 나는 아버지에게 분명히 말했다.

"이 공장, 이상해요. 이런 환경에서 여자아이들에게 일을 시키는 건 너무 불쌍해요. 이런 일은 하면 안 돼요."

성공한 투자의 현장을 아들에게 보이고 싶어서 의기양양했던 아버지는 언짢은 표정을 짓고는 입을 다물었다. 결국 아버지는 반년 쯤 지나서 그 공장을 팔았다.

공장을 팔고 아버지는 적지 않은 돈을 손에 넣었지만 그 후 홍콩의 조화사업은 엄청난 전성기를 맞이했다. 만일 아버지가 좀 더 오래 가지고 있었다면 더 큰 수익을 올렸을 것이다. 아버지는 꽤 시간이 흘러 '네가 괜한 소리를 해서 큰 수익을 놓쳤다.'며 농담 섞어 말했다.

아버지는 내가 조금 더 성장하자 사업 현장에 자주 데리고 갔다. 투자할 기업을 검토하기 위해 3주간 미국이나 멕시코에 머물렀던 때도 동행했다. 물론 일에 따라서는 어린아이에게 현장을 보이기 어려운 경우도 있었지만, 부모님이 일하는 모습을 보고 그에 대하여 의견을 교환하거나 궁금한 것을 묻고 답을 들으면서 나는 자연스럽게 세상의 구조나 돈에 대하여 흥미를 가지고 배울 수 있었다.

7

돈은 어떻게 사용해야 할까

돈이 찬란히 빛날 때

지금까지 말했듯이 나는 어릴 적부터 돈을 증식시키기 위한 인생을 살아왔다. 투자가로 일하기 시작한 뒤에는 내 돈뿐 아니라 다른 사람의 돈까지 어떻게 하면 더 크게 증식시킬 수 있을지, 경제를 활성화시켜서 우리 사회가 풍요로워지기를 바라는 마음으로 투자해왔다. 펀드 매니저를 그만두고 최근 10년 동안 한층 더 적극적으로 우리 사회를 긍정적인 방향으로 변화시키기 위해 나의 돈을 투자해왔다. 사회공헌 활동이나 꿈을 좇는 벤처에 투자함으로써 사회에 돈의 흐름이 원활히 이뤄지도록 기여하려는 마음에서 노력을 아끼지 않았다. 돈은 벌어서 모으고 굴려서 불린다. 불리면 다시 굴린다. 이 사이클을 계속 이어지게 한다. 모으고 불리기만 해서는 의미가 없다. 어떻게 사회를 좋은 방향으로 흘러가도록 굴리는가, 그것이 무엇보다 중요하다.

얼마 전에 에이즈가 2030년 무렵까지 근절될지 모른다는 내용의 기사를 읽었다.

에이즈는 HIV라는 바이러스가 일으키는 병으로, 지금까지 전 세계에서 수백만 명의 사람이 목숨을 잃었다. 최근 조사에 의하면, 해마다 180만 명이 이 바이러스에 새로이 감염된다.

그 기사에 따르면 7,600억 엔(한화 약 7조 6,000억 원) 정도의 돈이 있으면 그 무시무시한 병을 세상에서 말끔히 없앨 수 있다고 한다.

그 이야기를 들었을 때, 나의 심장은 두근거렸다.

7,600억 엔 전액은 어렵지만 그 일부의 돈이라면 내가 어떻게든 할 수 있지 않을까? 그런 생각이 들었기 때문이다. 내가 불려온 돈이 세상에서 에이즈를 퇴치하는 데 힘이 된다면 이처럼 멋진 일은 없을 것이다. 그것만이 돈의 진짜 힘을 발휘하게 하는 것이라고 믿었다.

돈이 있으면 해결할 수 있는 일은 그 외에도 얼마든지 있다. 세상에는 여러 어려움을 겪고 있는 사람이 있고, 또 많은 문제가 있다.

각자 해야 할 일과 생활이 있기에 모두가 현장으로 달려가

직접 돕거나 자신의 재능을 제공하는 것은 어렵다. 자신의 생활비 중에서 일부를 기부하는 것도 실제로는 그리 간단하지 않다. 그러나 앞서 에이즈의 사례에서, 세계 인구가 지금 76억 명 정도이기에 1명이 100엔(한화 약 1,000원)씩 기부하면 7,600억 엔이라는 거액의 돈을 만들 수 있다. 음료수 한 잔만 참으면 충분히 마련할 수 있는 돈을 지식과 전문기술을 가진 사람들에게 맡김으로써 생명을 위협하는 무서운 병을 근절하는 데 힘을 보탤 수 있다. 당신의 100엔이 세상을 변화시킨다.

한 사람, 한 사람의 힘은 미약하지만 모이면 큰 힘이 된다.

도구로서의 돈을 그런 식으로 사용했을 때, 즉 모두가 힘을 모아 세상을 위하여 살릴 때, 어마어마한 힘을 발휘하고 찬란한 빛을 발한다.

기부하는 이유

세상에 '돈은 이렇게 사용해야 한다.'는 규칙 같은 건 없다.

자신이 돈을 벌어 모으고 그렇게 굴려서 불린 돈을 자기 마음대로 쓴다. 그래도 상관없다. 하지만 이 책에서 당신에게 전하고 싶은 말은 '돈을 현명하게 사용하여 행복하게 살자.'는 것이다. 나 역시도 당신이 돈을 어떻게 써야 할지를 가르칠 생각은 없다.

솔직히 나는 젊었을 때 봉사활동이나 기부라는 데 별 관심을 가지지 않았다.

누군가를 위해 나의 시간이나 재능을 공짜로 제공하는 게 봉사활동이고, 자신이 번 돈을 누군가를 위해 제공하는 게 기부다.

나는 젊은 시절에 그런 봉사활동이나 기부에 과연 어떤 의미가 있는지 의문을 가졌었다. 그런 내게 변화의 계기를 안겨준 사람이 나의 아내다. 독실한 기독교 가정에서 자란 나의 아내는 길가에서 모금함을 들고 있는 사람을 발견하면 반드시 기부했다. 교회에 갔을 때도 모금함이 돌면 반드시 돈을 넣는다. '소중한 돈을 기부하다니 아까워. 왜 그런 일을 하는 걸까?' 나로서는 도저히 이해되지 않았다. 그 일로 자주 논쟁을 벌이기도 했다.

어느 날 역전에서 모금활동을 하는 사람들이 있었고 그녀는 늘 그랬듯 돈을 기부했다. 그때 나는 그녀에게 이렇게 말했다.

"이 사람들, 거짓말을 하고 있는 건지도 몰라. 기부한 돈이 진짜 누군가에게 도움이 된다면 다행이지만, 그런지 아닌지 확인할 수 없어. 그런데 그렇게 쉽게 돈을 줘도 괜찮을까?"

"도움이 될지 안될지는 나도 몰라. 하지만 어딘가에서 어려움에 처한 사람이 있다는 건 분명한 사실이고 지금 내가 할 수 있는 방법으로 힘을 보태고 싶을 뿐이야."

그녀는 그렇게 말했다. 그녀에게 기부는 너무도 자연스러운 일이었다.

속고 있을지도 모르는데 돈을 주다니…. 나는 너무도 이상했다.

이상하다고 느끼는 일이 있으면 끝까지 파헤치는 게 나의 버릇이라서 나는 즉시 성서를 읽기 시작했다. 수입의 10분의 1을 사회에 환원한다는 것도 그때 처음 알았다. 또한 서구사회에는 '노블레스 오블리주'라고 하여 재산, 권력, 사회적 지위를 가진 사람은 약자를 도울 의무가 있다는 것도 알았다.

그렇다고 해도 그녀의 행동을 100퍼센트 이해할 수 있었던 것은 아니었다.

물론 기부하는 데 반대했던 것은 아니다. 나는 단지 기부한 돈이 제대로 목적대로 사용되는지 어쩐지 알 수 없는 상태에서 기부하는 것에 의문을 가졌던 것이다. 내게 돈은 소중한 도구로 쇼핑도 그다지 좋아하지 않았기에 명확히 어디에 쓰이는지도 모르는 상태에서 돈을 건네도 좋을지 의문이었다. 그러나 곁에서 오랫동안 그녀를 지켜보는 가운데 조금씩 나의 마음도 변하기 시작했다.

모처럼 기부할 것이라면 어떤 단체가 있는지, 사람들이 기부한 돈을 어떻게 쓰는지, 알고 싶었다. 세상에 어떤 문제가 있기에 사람들이 길거리로 모금함을 들고 나와 모금활동을 펼치고 있는 것인지를 알고 싶었다. 일단 관심이 생기면 샅샅이 알아야 직성이 풀리는 내 성격 때문에 나는 정부기관에서 일할 때 알던 사회공헌 활동가에게 이 나라의 봉사활동이나 기부의 실태를 배웠다. 그리고 얼핏 행복해 보이는 이 나라에도, 그리고 먼 다른 나라에도 실로 무수히 많은 문제가 있고 여러 도움의 손길이 필요하다는 사실을 알게 되었다.

무엇보다 충격적이었던 것은 정착 필요한 곳에 돈이 흘러가지 않는다는 것이었다. 그게 정말 이상했다. 그래서 나는 끊임없이 생각했고 내가 해야 하는 일은 '돈이 흐르는 시스템을 만들어' 공헌하는 것이라는 결론에 이르렀다. 그래서 2007년에 Charity Platform라는 비영리 단체를 설립했다.

Charity Platform은 많은 사람으로부터 지속적으로 기부금이 모이는 시스템을 지원하는 단체다. 물론 내가 설립한 무라카미 재단을 통해 여러 단체에 직접적으로 지원도 하고 있지만, 기부금이 필요한 자선단체들이 자금부족으로 활동이 중단되지 않도록 Charity Platform을 통해 지속적으로 기부금이 모이는 기부 시스템을 만들어 주었다.

1명이 기부한 1,000만 원과
200명이 기부해 모은 1,000만 원

예컨대 내가 유기견 보호단체에 100만 엔을 기부했다고 가정해보자. 단체는 내가 기부한 100만 엔을 현재 보호 중인 유기견의 예방주사나 먹이를 구매하는 데 사용하고 4개월이면 바닥이 난다. 나는 또 100만 엔을 기부한다. 또 4개월이면 없어진다. 그런데 내가 어떤 사정으로 인해 더 이상 기부하지 못하게 되면 어떻게 될까? 이 단체와 거기서 보호받고 있는 유기견은 생활을 해나갈 수 없다. 이것은 매우 안타까운 일로, 바로 여기에 가장 큰 문제점이 있다.

그래서 나는 100만 엔을 유기견 사료가 아닌, 여러 다수의 사람들에게 단체에 대한 정보를 알리는 데 사용하기를 원했다. 기부금 모집은 '알리는' 것에서 시작된다. 거리에 포스터

를 붙이고 홈페이지를 만들고 홍보를 잘하는 사람을 고용한
다…. 여러 방법이 있다. 그리고 다수의 사람에게서 매월 혹
은 매년 작은 금액이라도 꾸준히 기부 받을 수 있는 시스템
을 만들고 싶었다.

〈세 자루의 화살〉이라는 이야기를 들어본 적이 있을 것이
다. 같은 100만 엔이라도 나 혼자 하는 기부는 내가 기부하
지 못하게 된 순간에 끝나지만 200명에게 기부를 받으면 갑
자기 한 번에 기부금이 들어오지 않는 일은 일단 없다.

나는 폭넓고 장기적으로 기부금이 모이는 시스템을 만들고
자 했다. 단체가 따뜻한 마음을 가진 사람들을 한 사람이라도
더 많이 찾아내어 계속 사회공헌활동을 할 수 있기를 바란다.
차는 휘발유가 채워져 있지 않으면 앞으로 나가지 않는다. 사
회공헌도 여러 사람들이 여러 방법으로 힘을 모을 때 비로소
활동할 수 있다. 나는 시스템 만들기가 지금의 비영리 단체의
활동을 지원하는 데 더 중요하다고 생각하여 그 측면에서 조
금이라도 공헌하고 싶었다.

구체적인 사례를 이야기해보자. 올해 3월 과거에 없던 집
중호우가 일본 전역을 휩쓸었다. 그때 나는 히로시마에 있었
다. Charity Platform의 설립 준비를 하면서 알게 되어 지금
까지 여러 가지 활동을 함께 해온 특정 비영리활동법인 '피스
위드 재팬' 대표인 오니시 켄스케 씨와 회의하기 위해서였다.

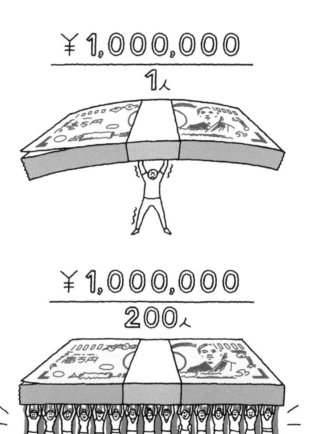

그때 비는 이미 내리고 있었는데 내가 도쿄에 돌아올 무렵부터 폭우로 바뀌어 물폭탄이 쏟아졌다. 나는 곧 오니시 씨에게 전화를 걸었다. 예상되는 피해 규모와 첫 봉사활동에 수천 만 엔이 필요하다는 설명을 듣고 나는 기부를 약속하는 동시에 한시라도 빨리 현장에서 지원활동을 시작하기를 기원했다. 내가 히로시마에 다시 가서 봉사활동에 힘을 보탤 수도 있지만, 첫 활동 단계에서 긴급 재해지원에 능하지 않은 사람이 현지에 갔다가 오히려 거치적거릴 수도 있기에 적당한 시기를 살피기로 했다. 그리고 한 명이라도 더 많은 사람에게 상황을 알리고 지원받기 위해 무엇을 하면 될지를 생각하는 한편, 무라카미 재단에서는 긴급 1,000만 엔의 지원물자를 보내는 매칭 기부를 결정했다.

매칭 기부란 어떤 사람이 피스위드에 돈을 기부하면 똑같은 액수를 무라카미 재단도 기부한다는 시스템이다. 결국 단체에는 2배의 금액이 모인다. 무라카미 재단에서 직접 기부하면 되지 않느냐고 생각하는 사람도 있을지 모른다. 그러나 나의 1,000엔이 2,000엔이 되고, 5,000엔이 1만 엔이 되어서 돕고자 하는 단체에 보내지면 기부하자고 생각하는 사람도 많아질 것이다.

이 기부는 Yahoo! JAPAN의 인터넷 모금을 통해서 이뤄지고 지원상황이 수시로 동영상으로 소개되었다. 약 열흘간

2만 명으로부터 2,000만 엔 정도의 기부금이 모였고 재단이 매칭 기부한 1,000만 엔을 합쳐 약 3,000만 엔이 지원으로 충당되었다. 그리고 이번 기부를 해준 그들의 대다수는 앞으로도 기부를 이어가기 위한 절차를 밟았다.

〈세 자루의 화살〉 이야기를 했지만, 이렇게 더 많은 사람에게 알려서 지속적인 기부로 이어지게 해야 한다. 그래서 비영리 단체에는 무엇보다 정보 발신과 커뮤니케이션이 중요하다.

돈을 만들지 못하는 시간에도 의미는 있다

돈의 사용 용도에서 조금 벗어난 이야기이지만, 기부와 동시에 내가 힘을 쏟은 것은 봉사활동이다. 과거의 나였다면 돈 한 푼 만들지 못하는 일은 전혀 즐겁지 않았다.

분명 봉사활동이 돈을 만들지는 못한다. 하물며 봉사활동에 사용하는 시간을 돈 버는 데 쓰는 것이 세상을 위한 일이라고 과거의 나는 생각했다. 내가 돈을 벌고 불릴 때마다 국가에 세금을 납부하기 때문이다. 그 세금을 사용하여 여러 문제들을 해결하는 게 더 낫지 않을까? 본디 국가의 경제가 탄탄하지 않으면 모금활동도 봉사활동도 사막에 물을 뿌리는 것 같아서 근본적인 문제해결로 이어지지 않는다. 이렇게 생각했던 것이다.

그러나 사회공헌 공부를 시작하고 생각이 바뀌었다. 국가가 모든 문제를 해결할 수 없고 국가에 의지하지 말고 우리가 할 수 있는 일을 한다. 또 우리만 할 수 있는 일도 있다. 그리고 그 활동을 지원하는 것이 나의 사명을 달성하는 데 결코 없어서는 안 된다고 믿게 되었다.

최근 10년 동안 다양한 봉사활동에 참가했다. 그린버드라는 단체의 쓰레기 줍기를 비롯하여 동일본 대지진 때에는 현지를 찾아가 밥을 했고 햄버거 1,000개를 굽고 트럭 10대분의 물자를 모아서 보냈다. 과거의 나였다면 돈이 생기지 않는 일에 나의 소중한 시간을 쓰지는 않았을 것이다. 그런데 실제로 활동해보니 사람들에게 고맙다는 말을 듣고, 쓰레기를 치우고 깨끗해진 거리를 보고, 사람들과 힘을 모아 땀 흘리는 시간이 결코 아깝지 않았다. 사명을 달성하기 위해 시작한 사회공헌은 내게 그 이상으로 의미 있는 것이었다. 일에서 벗어나 사람과 만나고 이야기를 나누고 자신이 누군가에게 힘이 될지도 모른다고 느끼는 시간은 나의 인생을 더욱 풍요롭게 물들였다.

기부해주셔서 고맙습니다

사회공헌활동을 하면서, 또 자선 선진국인 영국이나 미국의 사례를 공부하면서 투자도 사회공헌활동도 어떤 목적을 이루기 위해 돈을 맡긴다는 의미에서는 같다는 결론에 이르렀다. 차이는 리턴이 돈인가 아닌가 하는 것뿐이다.

사회공헌이라는 투자 목적은 기부금을 누군가의 더 나은 삶을 위해 유효하게 사용하는 것이다. 기부하고 '누군가에게 힘이 되었다.'는 마음이 리턴이다. 그것은 눈에 보이지 않고 기부한 돈은 다시 돌려받을 수 없지만 따뜻한 마음은 자신의 가슴에 남아 있다.

그 사실을 깨달은 순간부터 자기만족일지는 모르겠지만, 나는 더 많은 기부를 하게 되었다.

물론 기부한다고 반드시 마음이 풍요로워진다고 단언할 수 없다. 솔직히 말해 언짢을 때도 있고 슬펐던 적도 있었다. 안타까운 일이지만, 봉사활동을 하는 사람들 중에는 돈이나 명성을 위해 일하는 사람도 있고, 돈을 현명하게 사용하지 못하는 사람도 있다. 또한 돈을 어디에 어떻게 사용했는지 철저히 설명해주길 꺼리는 사람도 있다. 설명해달라고 말하면 활동에 바빠 도저히 설명할 시간이 없다는 말을 들을 때도 있다.

분명 현장에서 활동은 바쁘다. 그래서 설명할 시간이 없다는 것도 나는 충분히 이해한다. 그러나 돈을 기부해도 그것이 누구를 위해 어떤 도움을 주었는지 모른다면 계속 기부하자는 마음을 가질 수 없게 된다. 어떤 사람에게 어떤 도움을 주었다는 실감이 없기에 봉사단체를 지원했던 사람들도 기부를 그만둔다. 그렇게 되면 그때의 어려움은 단체가 아닌 도움을 받는 사람들의 몫이 된다. 따라서 단체는 그들을 위해서라도 기부자와의 의사소통을 소홀히 해서는 안 된다. 의사소통에 많은 시간을 할애할 수 없다면 그 같은 사실을 전하고 이해를 구해야 한다. 지속적인 지원에 있어 무엇보다 중요한 것은 신뢰관계이다.

나에게도 서로 신뢰관계 하에 오랜 시간에 걸쳐 지원하고 있는 단체가 있다. 그들은 돈을 현명하게 사용하여 나의 바람을 현실적으로 실현시키고 있다. 그들에게 진심으로 고마움을 느낀다. 돈을 기부하면 고맙다는 말을 듣는다. 하지만 나는 오히려 그 사회단체에 고마움을 가진다. 더 많이 애쓰고 헌신하는 사람은 돈을 기부하는 내가 아니라, 나 대신에 현장에서 일하고 어려움에 빠진 사람을 돕고 세상의 여러 문제를 해결하기 위해 노력하는 그들이기 때문이다. 바빠서 현장에 갈 수 없다, 필요한 재능을 가지고 있지 않다, 그러나 무엇인가 하고 싶을 때 사람은 돈이라는 도구를 단체에 맡긴다. 그들은 그 돈이라는 도구를 최선의 방법으로 사용하여 기부한 사람의 뜻을 현실적인 도움으로 실현한다. 그러니 당연히 고마울 수밖에 없다. 그러니 자신이 진심으로 고맙다고 말할 수 있는 자선단체를 발견하는 것도 행복이다. 그런 자선단체와 만났다면 틀림없이 기부는 당신의 마음을 풍요롭게 해줄 것이다.

나는 여러분 모두에게 기부하라고 말할 생각은 없다. 우선은 자신의 생활을 꾸려가는 것에 즐거움을 느끼며 만일의 사태에 대비하여 어느 정도 돈을 모은다. 무엇보다 그것이 중요하다. 그러나 조금 여유가 생긴다면 꼭 사람을 위해, 세상을 위해, 돈을 써보자. 돈이 미치도록 좋은 내가 여러 용도로 돈을 쓰는 가운데 돈이 가장 찬란히 빛을 발했던 것은 역시 남을 위해 쓸 때였다.

하지만 돈을 어떻게 사용할 것인가, 그때의 가치관이라는 것은 사람마다 제각기 다르다. 가장 중요한 것은 자신의 마음이 넉넉해지는 방식으로 돈을 쓰는 것이다. 그게 무엇보다 중요한데, 사실 그 어떤 것보다 어렵다. 따라서 어른이 되기 전에, 사회에 나가기 전에, 깊이 생각하고 도전하고 여러 경험을 해보자. 자신이 진짜로 행복하기 위해서는 돈을 어떻게 써야 하는가? 그러기 위해서는 어떤 직업을 가지고 어떤 생활을 하면 좋은가? 그 답을 계속 찾는다. 물론 이 의문에 정답은 없다. 달리 말해, 여러 가지 답이 있기에 좋다. 게다가 계속 바뀌어갈 수도 있다. 그래도 무엇이 자신에게 행복인가를 늘 생각하고 돈이 아닌 기준을 자신의 가슴속에 단단히 가지는 것, 그것이 돈에 휘둘리지 않고 잘 지내는 최고의 비결이다.

가난을 당연한 것으로 여기지 않게 만드는
돈 공부

여기까지 읽어오면서 당신은 돈에 대하여 재미있고 즐겁다고 생각하게 되었을까? 가슴 설레는 것이 되어주었다면 나로서는 매우 기쁠 것이다. 아직 그런 마음을 가지지 않았다고 해도 전보다 더 흥미를 가지게 되었다면 일단 그것으로 충분하다.

이 책은 내가 일본에 올 때마다 여러 학교에서 돈에 대해 들려주던 이야기를 담았다. 나는 돈에 대하여 가르치는 입장에 있지만 실제로 학생들과 대화를 나누는 가운데 배우는 점도 많았다. 돈과 어떤 식으로 대면하고 있는가? 무엇을 의문으로 생각하는가? 가장 알고 싶은 것은 무엇인가?

수업할 때마다 새로운 발견이 있고 이 책으로 그 모든 것을 전하기는 어려울 것이다. 몇 년 뒤, 다시 '돈 수업'을 통해 내가 새로이 배운 것을 이 책의 개정판에 싣거나 2편으로 출간하고 싶다.

그리고 지금 분명 이런 생각을 가지고 있을 것이다.

'어떻게 하면 돈을 불릴 수 있는가? 좀 더 구체적인 방법이 알고 싶다.'

이 책은 돈과 그 흐름에 대하여 철저히 이해하는 것, 자신의 생활과 돈의 관계를 살펴보는 것, 돈 감각의 체화에 대한 환기가 주요한 목적이다. 구체적으로 어떻게 불릴 것인가는 다음 단계의 이야기이라 충분히 다루진 못했다. 기회가 된다면 나의 '돈 수업'에 참가하거나 이 책을 읽고 자기 나름으로 생각하고 사물을 숫자로 생각해보자. 그리고 기댓값을 추정하는 습관을 가져보자.

마지막으로, 내가 앞으로 어떤 식으로 돈을 쓸지에 대하여 이야기해보고 싶다. 나의 인생을 돌이켜보면, 모으고 불리는 시기가 참으로 길었다. 어릴 적에는 저축왕이었고, 그 뒤에는 주식투자로 돈을 증식시켰고, 사회에 나온 뒤에는 월급을 모으며 주식이나 부동산에 대한 투자를 이어갔다. '오르기 시작하면 매수, 떨어지기 시작하면 매도'라는 아버지의 가르침을 지켰던 나는 거품붕괴의 아픔도 그리 크게 겪지 않고 자산을 증식시켰다. 그리고 모은 돈으로 직접 펀드 회사를 설립했다.

펀드를 운영하는 중에는 그 일의 성질상 '모은다'와 '불린다'가 뒤섞여 있었다. 펀드 매니저의 각오와 자신감을 증명하기 위해서 자산의 대부분을 펀드에 투자했기에 실적이 좋으면 내 돈도 같이 불었다. 그렇다고 사치스럽게 생활하는 것이 아니라 다시 펀드에 투자하는(돈을 굴린다) 것을 반복했다. '모은다·불린다·굴린다'가 명확한 경계 없이 빙글빙글 계속 이어졌다.

설립한 지 7년 쯤 지나서 펀드를 정리하기로 했다. 이때 나의 자산은 매우 커져 있었다. 펀드가 사라지면서 갑자기 '모은다·불린다·굴린다'는 사이클이 멈췄다. 그리고 서둘러 사회공헌활동을 시작했다. 그리고 천천히 이번에는 나의 자산만을 가지고 부동산이나 주식에 투자하기 시작했다. 일본의 간병사업, 아시아의 부동산 사업, 요식업이나 해외 국채, 미국의 벤처기업 등 흥미롭고 기댓값이 높은 것을 찾아 투자해왔다. 그중에는 크게 실패한 것도 있지만, 전체적으로 보면 자산은 꾸준히 커져왔다.

나는 내년에 예순이 된다. 그리고 내게는 투자로 불린 많은 돈이 있다. 앞으로도 지금까지 그랬던 것처럼 돈을 써도 될까? 좀 다른 방식으로 돈을 쓸 수는 없을까? 학교에서 아이들에게 돈에 대하여 이야기를 들려주기 시작한 뒤 다시금 돈을 어떻게 쓰면 좋을지를 생각하게 되었다. 아이들의 이야기를 듣고 있으면 요즘 아이들은 돈에 대하여 생각하고 공부할 기회가 거의 없는 것 같다. 아이가 돈에 대하여 생각하지 않아도 되는 세상은 어떤 의미에서 행복할지 모른다. 하지만 나는 사회가 풍요로워질수록 어렸을 때부터 돈과 좋은 관계를 가지고 배울 필요가 있다고 생각한다.

어릴 때의 돈 공부는 무엇보다 가난을 당연한 것으로 여기지 않게 만드는 놀라운 효과가 있다. 돈에 대한 이해와 친밀도가 높아질수록 돈 벌기와 모으기가 재미있어지고 자신의 관심사가 된다. 돈 없는 삶을 싫어하고 불편감과 이질감을 느끼게 된다.

그래서 나는 결심했다. 나의 돈을 아이들이 돈과 친해지는 계기를 만드는 데 쓰자고. 가족들도 찬성해주었다. 지금은 여러 전문가와 이야기를 나누면서 실제로 무엇을 할 수 있을지에 대하여 생각하고 있다. 아이들에게 어떤 형태로 약간의 종잣돈을 제공하고 실제로 투자를 체험하게 하는 쪽으로 구상하고 있다. 그 투자에서 실패하든 성공하든 당신의 미래와 이 공동체의 미래에 유의미한 체험이 될 것이다.

내가 그리는 미래상인 '보다 따스하게 누구든 안전망을 가진 활기찬 사회'라는 목표는 변함이 없다. 사명은 지금도 '돈의 흐름을 원활하게 하는 것'이다. 그러기 위해 어떤 일을 할지 선택하고 다양한 형태로 투자를 해왔다. 그러나 나 혼자서 노력하는 것의 한계는 역시 있었다. 이 사회를 바꿔가기 위해서는 한 사람, 한 사람의 생각이 변화하지 않으면 안 된다. 어른이 되고 나서 돈에 대한 생각이나 태도를 바꾸기는 매우 어렵다. 따라서 어린 시절에 진지하게 돈에 대하여 생각하고, '벌어서 모으고 굴려서 불린다. 불렸다면 다시 굴린다.'는 사이클의 중요성을 깨닫기를 바란다. 그 기회를 제공하고 한 사람, 한 사람의 감각이 변함으로써 이 사회는 더욱 건강해질 것이라는 가능성에 나의 남은 생을 걸고 싶다. 그곳에 투자하고 싶다.

 '어린 시절에 투자 경험을 해보면 좋겠다.'고 생각하는 이유는 사회에 나온 뒤 자신의 생활비 일부를 투자에 쓰려고 해도 힘들기 때문이다. 그보다는 생활비에 대한 걱정이 없을 때에 실패해도 곤란하지 않을 만큼의 돈을 사용하여 여유롭고 즐겁게 투자에 도전해보면 어떨까?

 나중에 본격적인 투자를 시작하기 전에 충분히 돈에 대한 공부가 되어 있어야 한다. '실제 투자'를 통해 많은 것을 배울 수 있다. 가상으로 투자하는 것과 달리 실제로 돈을 투자하는 경험은 당신에게 돈과의 거리를 좁혀줄 다시 없는 기회가 될 것이다. 그리고 그 경험은 틀림없이 소중한 보물이 되어줄 것이다.

 돈을 모으는 한편 자산의 일부를 당연히 투자하는 사회가 되면 우리 모두는 지금보다 더 풍요로워질 것이다. 그러기 위해 나는 지금 생각하고 있는 프로젝트를 통해 100만 명의 어린이 투자자를 육성하는 것을 목표로 한다. 10대부터 돈에 대해 진지하게 생각하고 돈을 '굴리는' 것에 익숙해지면, 또

이들이 사회에 나오기 시작하면 분명 많은 것이 변할 것이다. 100만 명의 어린이가 모두 미래의 전문 투자가가 될 필요는 없다. 돈을 버는 것처럼 투자하는 것이 당연한 사회 안에서 돈을 굴리는 사람이 점차 많아지면 우리 모두는 더 풍요로워질 것이다.

이 '풍요로움'이 돈의 측면만을 말하지는 않는다. 돈이 원활히 사회 안에서 순환하기 시작하면 개인이 인생을 어떤 식으로 살아갈 것인가 하는 선택지나 꿈을 이룰 기회가 현저히 증가하고, 사회 안전망이 충실해진다. 모두의 마음도 활기에 넘치고 지금보다 안심하고 여유롭게 살아가는 사회가 된다.

그것을 지원하는 것. 그것이 나의 사명을 달성하기 위한 새로운 방법이다. 이 책이 보다 건강하고 유연한 사회를 실현하는 데 조금이라도 힘이 된다면 더 바랄 것이 없다.

2018년 9월

무라카미 요시아키

돈 천재들을 위한 감각 수업

머니 센스

초판 1쇄 인쇄 | 2019년 6월 22일
초판 1쇄 발행 | 2019년 6월 28일

지은이 | 무라카미 요시아키 村上世彰
옮긴이 | 박재현
펴낸곳 | 레드스톤(주식회사 인터파크)

출판등록 | 2015년 3월 19일 제 2015-000080호
주소 | 경기도 고양시 일산동구 호수로 672, 대우메종리브르 611호
전화 | 070-7569-1490
팩스 | 02-6455-0285
이메일 | redstonekorea@gmail.com

ISBN 979-11-88077-29-8 13190